일본어가 반듯하게 **무럭무럭** 자라는

すくすく
(스쿠스쿠)

日本語 초급

PAGODA Books

すくすく 日本語 초급

초판 1쇄 인쇄 2006년 6월 10일
초판 1쇄 발행 2006년 6월 10일
초판 31쇄 발행 2025년 3월 24일

지 은 이 | 파고다교육그룹 언어교육연구소
펴 낸 이 | 박경실
펴 낸 곳 | PAGODA Books 파고다북스
출판등록 | 2005년 5월 27일 제 300-2005-90호
주   소 | 06614 서울특별시 서초구 강남대로 419, 19층(서초동, 파고다타워)
전   화 | (02) 6940-4070
팩   스 | (02) 536-0660
홈페이지 | www.pagodabook.com

저작권자 | ⓒ 2006 파고다북스

이 책의 저작권은 출판사에 있습니다. 서면에 의한 저작권자와 출판사의 허락 없이
내용의 일부 혹은 전부를 인용 및 복제하거나 발췌하는 것을 금합니다.

Copyright ⓒ 2006 by PAGODA Books

All rights reserved. No part of this publication may be reproduced, stored
in a retrieval system, or transmitted, in any form, or by any means, electronic,
mechanical, photocopying, recording or otherwise, without the prior written
permission of the copyright holder and the publisher.

ISBN 978-89-91722-79-8 (18730)

파고다북스   www.pagodabook.com
파고다 어학원   www.pagoda21.com
파고다 인강   www.pagodastar.com
테스트 클리닉   www.testclinic.com

| 낙장 및 파본은 구매처에서 교환해 드립니다.

발간사

다양화 되어가는 국제화시대에 외국어를 공부하는 목적은 여러가지가 있겠지만, 뭐니뭐니 해도 가장 큰 목적은 시험 대비와 외국인과 대화를 하는 것에 있을 것입니다.

최근 일본 영화, 음악, 여행 등 일본에 대한 관심이 날로 증가되고 있으며, 이런 상황 속에서 일본을 이해하기 위한 첫걸음은 역시 일본어의 습득일 것입니다.

외국어는 꾸준히 하기만 하면 어느 정도의 실력 향상을 기대할 수 있지만 학습방법에 따라서 기간과 실력에 차이가 납니다.

이 교재는 일본어 회화를 좀더 효율적으로 습득하기 위해서 만들어졌으며, 문법을 체계적으로 습득하고 단어를 늘려서, 일상생활에서 활용할 수 있는 말하기 능력과 듣기 능력을 향상시키는 것을 목표로 하고 있습니다.

MP3로 원어민의 발음을 들으면서 소리와 리듬에 익숙해진 후, 따라 말하는 연습을 통해 일본사람과 원활한 대화를 할 수 있도록 하였습니다.

이 교재를 통해 일본어와 친숙해져서 단기간에 원하는 각각의 목적을 이루기를 바랍니다.

끝으로 이 교재를 집필해 주신 파고다 언어교육연구소 하영애 선생님, 노지영 선생님의 노고에 깊은 감사를 드리며, 마지막까지 지켜주신 하나님께 영광을 돌립니다.

펴낸이　박경실

일러두기

학습목표
각 과에서 학습해야 하는 문법의 목표를 한눈에 쏙 들어오게 정리하였습니다. 학습 후에는 제시된 학습포인트를 스스로 확인하면서 복습을 할 수 있습니다.

회화본문
각 과에서 습득한 문형을 쉽고 자연스러운 문장으로 회화연습을 할 수 있도록 하였습니다. 이 대화문만 통째로 외우면 일본사람과 바로 대화할 수 있도록 하였습니다.

외워봅시다
일본사람과 대화할 때에 꼭 필요한 중요한 문형과 문법사항을 예문과 더불어 쉽고 간결하게 정리하였습니다. 또한 예문에 대한 해석이 바로 옆에 되어 있고, 아래에 단어정리도 되어 있어 바로바로 확인할 수 있도록 하였습니다.

MP3
회화본문
말해봅시다
들어봅시다

단어장(PDF)
각 과에서 나오는 단어는 물론 중요한 예문 수록

MP3 및 단어장 무료 다운로드
www.pagodabook.com

말해봅시다

학습한 문형에 더욱 다양한 어휘를 넣어서 말해보는 패턴연습을 통해 중요한 문형과 어휘를 입으로 익힐 수 있도록 하였습니다. 또한 MP3로 원어민의 발음을 듣고 따라하면서 실제 일본사람처럼 말할 수 있도록 하였습니다.

들어봅시다

상대방의 말이 들려야 대화를 할 수 있습니다!
각 과에서 습득한 문형을 이용한 자연스러운 대화와 문제를 통해 확실하게 귀를 뚫을 수 있습니다.

일본문화

일본의 흥미로운 문화를 즐겁게 읽으면서 체험할 수 있습니다.

이 교재를 효과적으로 사용하려면?

먼저 **학습포인트**로 학습목표를 확인하고,
외워봅시다로 문형과 문법을 다지고,
말해봅시다에서 입을 떼고,
들어봅시다로 귀를 뚫고,
회화본문으로 자연스러운 회화를 습득하시면 됩니다!

차례

머리말 3
일러두기 4
차례 6

13. よく 運動を しますか。 자주 운동을 하세요? 10
    1. (동사) ～ます   2. ～ません

14. もう 昼ごはんを 食べましたか。 벌써 점심을 먹었어요? 18
    1. ～ました   2. ～ませんでした
    3. ～ましょう

15. 映画を 見に 行きませんか。 영화를 보러가지 않을래요? 24
    1. ～に   2. ～たい
    3. ～ながら

16. どうやって 行きますか。 어떻게 갑니까? 32
    1. ～てください

17. 今、何を していますか。 지금 뭐하고 있어요? 40
    1. ～ています   2. ～て、～ます

18. この本、借りてもいいですか。 이 책 빌려도 될까요? 46
    1. ～てもいいですか   2. ～てはいけません
    3. ～てしまいました

19。 誕生日の プレゼントに 友だちが くれました。 생일선물로 친구가 줬습니다 .. **52**

1. ～に あげる　　　2. ～に くれる　　　3. ～に もらう
4. ～に ～てあげる　5. ～に ～てくれる　6. ～に ～てもらう

20。 カラオケに 行ったことが ありますか。 노래방에 간 적이 있나요? **60**

1. ～たことがあります

21。 薬を 飲んだら どうですか。 약을 먹는 것이 어떻습니까? **68**

1. ～たら どうですか　　　2. ～た 方が いいです

22。 ごろごろしたり、映画を 見たり します。 빈둥빈둥거리거나, 영화를 보거나 합니다 ... **74**

1. ～たり ～たり します　　　2. ～てから

23。 お風呂に 入らないでください。 목욕하지 마세요 **80**

1. ～ないでください　　　2. ～ない 方が いいです

24。 うちで のんびり しようと思います。 집에서 한가하게 쉬려고 생각합니다 ... **88**

1. ～予定です　　　2. ～つもりです
3. ～(よ)うと 思います

25。 ハングルを 書くことが できますか。 한글을 쓸 수 있습니까? **96**

1. ～ことができます　　　2. ～たばかりです

부록 해석 | 해답 | 스크립트 **102**

차례

すくすく 日本語 첫걸음

1. はじめまして。 처음 뵙겠습니다
2. お仕事は 何ですか。 직업은 무엇입니까?
3. それは 何ですか。 그것은 무엇입니까?
4. 今、何時ですか。 지금 몇 시입니까?
5. 漢字は 難しくありませんか。 한자는 어렵지 않습니까?
6. きょうは いい天気ですね。 오늘은 좋은 날씨네요
7. 韓国料理が 好きですか。 한국요리를 좋아하세요?
8. 賑やかな店ですね。 북적거리는 가게군요
9. スキーと テニスと どちらが 好きですか。 스키하고 테니스하고 어느 쪽을 좋아합니까?
10. いくらですか。 얼마입니까?
11. この 近くに 銀行が ありますか。 이 근처에 은행이 있습니까?
12. テストは いつですか。 시험은 언제입니까?

すくすく 日本語 중급

26. 少し 寒かったですけど、とても 楽しかったです。 조금 추웠지만, 아주 즐거웠습니다
27. 山田さんの うちで 引っ越し祝いを するそうです。 야마다씨 집에서 집들이를 한대요
28. 最近、寒くなりましたね。 요즘 추워졌어요
29. あのバッグは 丈夫そうですね。 저 가방은 튼튼해 보이네요
30. 中国語が 話せますか。 중국어를 말할 수 있습니까?
31. 一生懸命 勉強すれば 次は きっと 受かりますよ。 열심히 공부하면 다음에는 꼭 붙을거예요
32. ビザを 申請しなければならないんです。 비자를 신청하지 않으면 안됩니다
33. 道が 込んでいるようですね。 길이 막히는 것 같네요
34. 佐藤さんが 結婚するらしいですよ。 사또씨가 결혼한대요
35. 部長に 怒られたんです。 부장님께 꾸중들었어요
36. どんなことを させるんですか。 어떤 것을 시킵니까?
37. さっきまで 閉めて あったんですけど。 조금 전까지 닫혀 있었는데…

오십(50)음도

	あ행	か행	さ행	た행	な행	は행	ま행	や행	ら행	わ행	
あ단	あ a	か ka	さ sa	た ta	な na	は ha	ま ma	や ya	ら ra	わ wa	ん ŋ
い단	い i	き ki	し si	ち chi	に ni	ひ hi	み mi		り ri		
う단	う u	く ku	す su	つ tsu	ぬ nu	ふ hu	む mu	ゆ yu	る ru		
え단	え e	け ke	せ se	て te	ね ne	へ he	め me		れ re		
お단	お o	こ ko	そ so	と to	の no	ほ ho	も mo	よ yo	ろ ro	を wo	

	ア행	カ행	サ행	タ행	ナ행	ハ행	マ행	ヤ행	ラ행	ワ행	
ア단	ア a	カ ka	サ sa	タ ta	ナ na	ハ ha	マ ma	ヤ ya	ラ ra	ワ wa	ン ŋ
イ단	イ i	キ ki	シ si	チ chi	ニ ni	ヒ hi	ミ mi		リ ri		
ウ단	ウ u	ク ku	ス su	ツ tsu	ヌ nu	フ hu	ム mu	ユ yu	ル ru		
エ단	エ e	ケ ke	セ se	テ te	ネ ne	ヘ he	メ me		レ re		
オ단	オ o	コ ko	ソ so	ト to	ノ no	ホ ho	モ mo	ヨ yo	ロ ro	ヲ wo	

13

よく 運動を しますか。
자주 운동을 하세요?

ポイント

1. 동사 익히기
2. ます형 익히기
3. 新聞を 読みます。

よく ● 자주	運動 ● 운동	する ● 하다	あまり ● 별로
でも ● 하지만	サッカー ● 축구	好きだ ● 좋아하다	～から ● ～이기 때문에
見る ● 보다	じゃあ ● 그럼	あした ● 내일	試合 ● 시합
うち ● 집	一緒に ● 함께	そうしましょう ● 그렇게 합시다	

Track 1

パク：鈴木さんは よく 運動を しますか。

鈴木：運動ですか。いいえ、あまり しません。

　　　でも、サッカーは 好きだから、よく 見ますよ。

パク：じゃあ、あしたの 試合、うちで 一緒に 見ませんか。

鈴木：いいですね。そうしましょう。

# 覚えましょう

01 동사

1. 동사는 어미가 [う]단으로 끝난다.

あ	か	さ	た	な	は	ま	や	ら	わ	が	ざ	だ	ば	ぱ
い	き	し	ち	に	ひ	み		り		ぎ	じ	ぢ	び	ぴ
う	く	す	つ	ぬ	ふ	む	ゆ	る		ぐ	ず	づ	ぶ	ぷ
え	け	せ	て	ね	へ	め		れ		げ	ぜ	で	べ	ぺ
お	こ	そ	と	の	ほ	も	よ	ろ	を	ご	ぞ	ど	ぼ	ぽ

2. 동사의 종류

❶ 1그룹 동사   ❷ 2그룹 동사   ❸ 3그룹 동사

3. 구분방법

❶ 그룹 동사

- [る]로 끝나지 않는 동사
  - 예) 会う、行く、話す、読む、遊ぶ…
- [る]로 끝나고 바로 앞이 [あ]단, [う]단, [お]단이 오는 동사
  - 예) ある、降る、乗る
- 예외 1그룹동사
  - 예) 帰る、入る、走る、切る、知る…

❷ 2그룹동사

- [る]로 끝나고 바로 앞이 [い]단, [え]단이 오는 동사
  - 예) 見る、食べる…

❸ 3그룹 동사
  - 예) 来る、する

すくすく 日本語 초급

02　～ます형(정중형)　　　～합니다

	기본형	ます ～합니다	ません ～하지 않습니다
1그룹동사 어미 い단+ます	会う	会います	会いません
	行く	行きます	行きません
	急ぐ	急ぎます	急ぎません
	話す	話します	話しません
	待つ	待ちます	待ちません
	死ぬ	死にます	死にません
	遊ぶ	遊びます	遊びません
	読む	読みます	読みません
	乗る	乗ります	乗りません
2그룹동사 る+ます	見る	見ます	見ません
	食べる	食べます	食べません
3그룹동사	来る	来ます	来ません
	する	します	しません

会う●만나다　行く●가다　話す●말하다　読む●읽다
遊ぶ●놀다　ある●있다　降る●내리다　乗る●타다
帰る●돌아가다　入る●들어가다　走る●달리다　切る●자르다
知る●알다　見る●보다　食べる●먹다　来る●오다
する●하다　急ぐ●서두르다　待つ●기다리다　死ぬ●죽다

13　よく 運動を しますか

話してみましょう　말해봅시다

01 다음 예 와 같이 말해봅시다.

예　新聞を 読む
A：よく 新聞を 読みますか。
B：はい、読みます。
　　いいえ、読みません。

❶ 友だちと 話す

❷ 音楽を 聞く

❸ 友だちと 遊ぶ

❹ 映画を 見る

❺ 勉強を する

新聞 신문	～を ～을/를	読む 읽다	よく 자주	友だち 친구
～と ～와/과	話す 말하다	音楽 음악	聞く 듣다	遊ぶ 놀다
映画 영화	見る 보다	勉強 공부	する 하다	

聞いてみましょう 들어봅시다

01 다음을 듣고 예 와 같이 맞는 그림을 찾아 번호를 써 넣으세요.

13 よく 運動を しますか

자주 쓰는 동사 표현

朝、早く 起きる 아침 일찍 일어나다	ごはんを 食べる 밥을 먹다	水を 飲む 물을 마시다	新聞を 読む 신문을 읽다

バスに 乗る 버스를 타다	学校へ 行く 학교에 가다	勉強を する 공부를 하다	友だちと 話す 친구와 얘기하다

プールで 泳ぐ 풀장에서 수영하다	図書館に 来る 도서관에 오다	恋人に 会う 애인을 만나다	映画を 見る 영화를 보다

友だちと 遊ぶ 친구와 놀다	歌を 歌う 노래를 하다	地下鉄を 待つ 지하철을 기다리다	うちへ 帰る 집에 돌아가다

音楽を 聞く 음악을 듣다	レポートを 書く 레포트를 쓰다	お風呂に 入る 목욕하다	夜、遅く 寝る 밤 늦게 자다

신나는 일본의 まつり

일본은 일년내내 유명한 대규모 마츠리부터 작고 조촐한 마츠리까지, 지역마다의 독특한 풍습이 담겨있는 특색있고 다양한 마츠리가 전역에서 펼쳐진다.

마츠리의 기본형식은 특정한 날에 신이 사전(社殿,しゃでん)에 나와 미코시(神輿,みこし : 신위를 모시는 가마)에 옮겨타서, 오다비쇼(御旅所,おたびしょ : 미코시를 임시 안치하는 곳)까지 행차하고, 다시 안치된 장소로 돌아가는 것이다.

마츠리는 원래 조상들의 영혼을 기리고 신에게 풍작과 건강을 비는 의식으로, 우리의 마을굿이나 대동제에 해당되는 행사였다. 하지만 오늘날의 마츠리는 그런 종교적인 목적에서 벗어나 시민들을 위한 보다 대중적인 축제로 바뀌게 되었다.

도쿄 아사쿠사 산자 마츠리 (三社祭り, さんじゃまつり)

에도 3대 축제 중 하나로, 옛날 스미다강(隅田川, すみだがわ)에서 어업을 하던 형제가 황금의 관음상을 발견하여 어당을 세워 모신 것이 그 유래이다. 그 후 아사쿠사에 사는 사람들은 일년에 한번 제사를 모시기 시작했으며, 이 축제는 3일 동안에 걸쳐 행해진다.

아오모리 네부타 마츠리

토후쿠 3대 마츠리 중 하나인 아오모리의 네부타 마츠리는 일본을 대표하는 불의 축제이다. 네부타란 커다란 나무나 대나무에 종이를 붙인 엄청나게 큰 등롱(灯籠)을 말한다. 이 등롱은 7일째 되는 날에 바다에 띄운다.

쿄토 기온 마츠리 (祇園祭り, ぎおんまつ)

천 년 전 전염병을 퇴치하기 위해 기원제를 열었던 것이 유래가 되어 지금의 마츠리로 자리잡게 되었다. 매년 7월 1일부터 31일까지 한 달 동안 이어지는 마츠리이다.

사진제공 : 일본 국제 관광 진흥회 서울사무소

14

もう 昼ごはんを 食べましたか。
벌써 점심을 먹었어요?

ポイント

1. 동사의 과거, 과거부정형 익히기
2. きのう、お酒を 飲みました。
3. 一緒に 遊びましょう。

もう ● 이미/벌써	昼ごはん ● 점심	食べる ● 먹다	まだ ● 아직
これから ● 이제부터	そうですか ● 그렇습니까	～も ● ～도	
～から ● ～이기 때문에	一緒に ● 함께	行く ● 가다	

Track 4

鈴木：パクさん、もう 昼ごはんを 食べましたか。

パク：いいえ、まだです。これから 食べます。

鈴木：そうですか。
　　　私も まだですから、一緒に 食べませんか。

パク：いいですね。行きましょう。

覚えましょう 외워봅시다

01 ~ます형의 활용

	기본형	~ます ~합니다	~ました ~했습니다	~ませんでした ~하지 않았습니다	~ましょう ~합시다
1그룹 동사	会う	会います	会いました	会いませんでした	会いましょう
	急ぐ	急ぎます	急ぎました	急ぎませんでした	急ぎましょう
	話す	話します	話しました	話しませんでした	話しましょう
	遊ぶ	遊びます	遊びました	遊びませんでした	遊びましょう
	読む	読みます	読みました	読みませんでした	読みましょう
	乗る	乗ります	乗りました	乗りませんでした	乗りましょう
2그룹 동사	見る	見ます	見ました	見ませんでした	見ましょう
	食べる	食べます	食べました	食べませんでした	食べましょう
3그룹 동사	来る	来ます	来ました	来ませんでした	来ましょう
	する	します	しました	しませんでした	しましょう

会う●만나다　急ぐ●서두르다　話す●말하다　遊ぶ●놀다　読む●읽다
乗る●타다　見る●보다　食べる●먹다　来る●오다　する●하다
飲む●마시다　きのう●어제　~を●~을/를　~に 会う●~을/를 만나다
学校●학교　~へ●~에　行く●가다　早く●빨리/일찍
帰る●돌아가다　図書館●도서관　~に●~에　仕事●일

話してみましょう 말해봅시다

01 다음 예 와 같이 말해봅시다.

예 お酒を 飲む

A：きのう、お酒を 飲みましたか。
B：はい、飲みました。
　　いいえ、飲みませんでした。

❶ 友だちに 会う

❷ 学校へ 行く

❸ 早く 帰る

❹ 映画を 見る

❺ 図書館に 来る

❻ 仕事を する

話してみましょう 말해봅시다

02 다음 예 와 같이 말해봅시다.

예 遊ぶ
A：一緒に 遊びませんか。
B：いいですね。遊びましょう。
B：すみません。きょうは ちょっと…。

❶ お酒を 飲む

❷ 歌を 歌う

❸ プールで 泳ぐ

❹ ごはんを 食べる

❺ 運動を する

遊ぶ ● 놀다	一緒に ● 함께	ちょっと ● 좀	飲む ● 마시다	歌 ● 노래
歌う ● 부르다	プール ● 풀장	～で ● ～에서	泳ぐ ● 수영하다	
ごはん ● 밥	食べる ● 먹다	運動 ● 운동	する ● 하다	

聞いてみましょう 들어봅시다

01 다음을 듣고 해당하는 그림의 번호를 고르세요.

14 もう 昼ごはんを 食べましたか

15 映画を 見に 行きませんか。

영화를 보러가지 않을래요?

ポイント

1. 友だちと 遊びに 行きます。
2. きょうは うちで ゆっくり 休みたいです。
3. 音楽を 聞きながら、地下鉄を 待ちます。

土曜日 ●토요일	いつも ●언제나	何 ●무엇	たいてい ●대개	うち ●집
～で ●～에서	音楽 ●음악	聞く ●듣다	ゆっくり ●느긋하게	休む ●쉬다
今週 ●이번주	見る ●보다	行く ●가다	ましょうか ●～할까요?	
ホラー ●공포	～が ●～지만/인데	じゃあ ●그러면		

鈴木：パクさん、土曜日は いつも 何を しますか。

パク：たいてい うちで 音楽を 聞きながら、ゆっくり 休みます。

鈴木：そうですか。今週は 映画を 見に 行きませんか。

パク：いいですね。何を 見ましょうか。

鈴木：私は ホラー映画が 見たいですが...。

パク：いいですよ。じゃあ、ホラー映画を 見に 行きましょう。

覚えましょう 외워봅시다

01 ます형 + に　　　　　　　　　　　　　　　　　　　　～하러

勉強を しに 行きます。　　　　　　　　공부를 하러 갑니다

友だちと 遊びに 行きます。　　　　　　친구와 놀러 갑니다

恋人と 映画を 見に 行きました。　　　애인하고 영화를 보러 갔습니다

02 ～が(を)　ます형 + たい　　　　　　　　　　　～이/가(을/를) ～하고 싶다

新しいケータイが(を) 買いたいです。　새 핸드폰이(을) 사고 싶습니다

日本の 友だちと 日本語で 話したいです。　일본 친구와 일본어로 얘기하고 싶습니다

きょうは うちで ゆっくり 休みたいです。　오늘은 집에서 푹 쉬고 싶습니다

03 ます형 + ながら　　　　　　　　　　　　　　　　～하면서

コーヒーを 飲みながら、友だちと 話します。　커피를 마시면서 친구와 얘기합니다

音楽を 聞きながら、地下鉄を 待ちます。　음악을 들으면서 지하철을 기다립니다

タバコを 吸いながら、電話を かけます。　담배를 피면서 전화를 겁니다

勉強●공부	行く●가다	恋人●애인	新しい●새롭다
買う●사다	～で●장소:～에서/수단, 방법:～로	話す●말하다	きょう●오늘
うち●집	ゆっくり●천천히/푹	休む●쉬다	コーヒー●커피
聞く●듣다	地下鉄●지하철	待つ●기다리다	タバコ●담배
吸う●피다	かける●걸다		

話してみましょう 말해봅시다

01 다음 예 와 같이 말해봅시다.

예 映画館 / 映画を 見る

A：きのう、どこへ 行きましたか。
B：映画館へ 行きました。
A：何を しに 行きましたか。
B：映画を 見に 行きました。

❶ 友だちの うち / 遊ぶ

❷ カフェ / コーヒーを 飲む

❸ デパート / 服を 買う

❹ 海 / 泳ぐ

❺ 図書館 / レポートを 書く

映画館 ● 영화관　　きのう ● 어제　　どこ ● 어디
〜へ ● 〜에　　カフェ ● 커피숍　　デパート ● 백화점
服 ● 옷　　海 ● 바다　　泳ぐ ● 수영하다
図書館 ● 도서관　　レポート ● 레포트　　書く ● 쓰다

話してみましょう

02 다음 예 와 같이 말해보세요.

예 映画を 見る / どんな映画を 見る / ホラー映画

A：今、何が(を) したいですか。
B：映画が(を) 見たいです。
A：どんな映画が(を) 見たいですか。
B：ホラー映画が(を) 見たいです。

❶ 車を 買う / どんな車を 買う / スポーツカー

❷ ごはんを 食べる / 何を 食べる / とんかつ

❸ デートを する / 誰と する / 恋人

❹ 旅行に 行く / どこに 行く / 日本

말해봅시다

03 다음 예 와 같이 말해보세요.

예 ごはんを 食べる / テレビを 見る
A: ごはんを 食べながら 何を しますか。
B: ごはんを 食べながら テレビを 見ます。

❶ コーヒーを 飲む / 友だちと 話す

❷ 地下鉄を 待つ / 電話を かける

❸ 音楽を 聞く / ゆっくり休む

❹ 歌を 歌う / 踊る

❺ 歩く / タバコを 吸う

どんな ● 어떤	ホラー ● 공포	買う ● 사다	スポーツカー ● 스포츠카	何 ● 무엇
とんかつ ● 돈까스	デート ● 데이트	誰 ● 누구	旅行 ● 여행	どこ ● 어디
～に ● ～에	地下鉄 ● 지하철	待つ ● 기다리다	かける ● 걸다	ゆっくり ● 천천히
休む ● 쉬다	歌う ● 부르다	踊る ● 춤추다	歩く ● 걷다	吸う ● 피다

聞いてみましょう 들어봅시다

01 다음을 듣고 예 와 같이 맞는 그림을 찾아 번호를 써 넣으세요.

예	❶	❷	❸	❹	❺
Ⓒ / ❷	/	/	/	/	/

테마파크에서 놀아보자

도부 월드 스퀘어
세계의 유명한 건축물과 유적 등을 축소하여 정교하게 재현한 세계 건축 박물관 테마파크이며, 아시아존, 유럽존, 일본존 등으로 나뉘어져 건물의 설명과 움직이는 모형 등도 있다.

하우스 텐보스
17세기의 네덜란드의 거리전경을 재현한 리조트로 본고장의 문화와 예술을 음미하고 쇼핑과 계절의 미각을 만끽할 수 있으며, 흥미롭고 다채로운 어뮤즈먼트, 뮤지엄과 각종 이벤트도 함께 즐길 수 있다.

동심의 세계 도쿄 디즈니랜드
미국의 디즈니랜드를 그대로 옮겨 놓은 듯한 도쿄 디즈니랜드는 갖가지 테마로 이루어진 다양한 놀이시설과 이벤트로 이 곳에 찾아온 관광객들을 동심의 세계로 안내한다. 또한 2001년에 세계 최초로 물 위에 만들어진 디즈니씨는 테마파크형 리조트로 많은 볼거리를 제공한다.

유니버셜 스타지오 재팬
헐리우드 영화에서 탄생한 세계 최고봉의 무비 테마파크로 대작의 영화를 그대로 현실로 재현한 다수의 어트랙션을 가지고 있으며, 박력만점의 쇼를 즐길 수 있다.

요코하마 시파라다이스
도쿄돔의 18배나 되는 광대한 부지에 수족관 아쿠아 뮤지엄(AQUA MUSEUM)과 놀이기구가 있는 플레져랜드(PLEASURE LAND), 레스토랑과 호텔 등 다양한 시설이 있는 종합레저타운이다.

사진제공 : 일본 국제 관광 진흥회 서울사무소

16 どうやって 行きますか。

어떻게 갑니까?

ポイント

1. て형 익히기
2. ちょっと 待ってください。

すみません ● 실례합니다	ワールドカップスタジアム ● 월드컵경기장	どうやって ● 어떻게
通行人 ● 통행인	まず ● 우선	～号線 ● ～호선	地下鉄 ● 지하철
～に 乗る ● ～을/를 타다	～目 ● 째	駅 ● 역	～で ● ～에서
降りる ● 내리다	それから ● 그리고	～に 乗りかえる ● ～으로 갈아타다

鈴木　：すみません。ワールドカップ スタジアムには どうやって 行きますか。

通行人：まず、2号線の 地下鉄に 乗って、2つ目の 駅で 降りてください。

鈴木　：2つ目の 駅ですね。

通行人：はい、それから 6号線の 地下鉄に 乗りかえて、3つ目の 駅で 降りてください。

鈴木　：そうですか。ありがとうございます。

覚えましょう

01 ～て형(연결형)　　～하고, ~해서

	기본형	て형
1그룹동사 く → いて	書く	書いて
ぐ → いで	急ぐ	急いで
す → して	話す	話して
う、つ、る → って	会う	会って
	待つ	待って
	乗る	乗って
ぬ、ぶ、む → んで	死ぬ	死んで
	読む	読んで
	遊ぶ	遊んで
예외	行く	行って
2그룹동사　る + て	見る	見て
	食べる	食べて
3그룹동사	来る	来て
	する	して

외워봅시다

02 ~てください   ~해주세요, ~하세요

ちょっと 待ってください。 잠깐 기다려 주세요

先生に 電話を かけてください。 선생님에게 전화를 거세요

あした、学校に 来てください。 내일 학교에 오세요

書く ● 쓰다	急ぐ ● 서두르다	話す ● 말하다
会う ● 만나다	待つ ● 기다리다	乗る ● 타다
死ぬ ● 죽다	読む ● 읽다	行く ● 가다
来る ● 오다	ちょっと ● 잠깐	~に ● 장소:~에/상대:~에게
かける ● 걸다	あした ● 내일	学校 ● 학교

話してみましょう

01 다음 예 와 같이 밑줄 친 부분을 바꾸어서 말해봅시다.

예 A : ちょっと 待って。
B : うん、いいよ。
　　 えー、いやだ。

예문해석
A : 잠깐 기다려.
B : 응, 좋아.
　　 에~싫어.

ちょっと 待つ

❶ あれ、買う

❷ 一緒に 来る

❸ ペン、貸す

❹ 本、見せる

ちょっと ● 잠깐	待つ ● 기다리다	いやだ ● 싫다	あれ ● 저것
一緒に ● 함께	来る ● 오다	ペン ● 펜	貸す ● 빌려주다
見せる ● 보여주다	どうぞ ● 어서	いただきます ● 잘먹겠습니다	たくさん ● 많이
よく ● 잘	わかる ● 알다	単語 ● 단어	覚える ● 외우다
急ぐ ● 서두르다	辞書 ● 사전	取る ● 집다	

말해봅시다

02 다음 예 와 같이 말해봅시다.

예 どうぞ、飲む
A : どうぞ、飲んでください。
B : いただきます。

❶ どうぞ、たくさん 食べる
A :
B : いただきます。

❷ よく 聞く
A :
B : はい、わかりました。

❸ 単語を 覚える
A :
B : はい、わかりました。

❹ すみません、急ぐ
A :
B : はい、わかりました。

❺ すみません、辞書を 貸す
A :
B : ええ、いいですよ。

❻ すみません、かばんを 取る。
A :
B : ええ、いいですよ。

Track 12

聞いてみましょう 들어봅시다

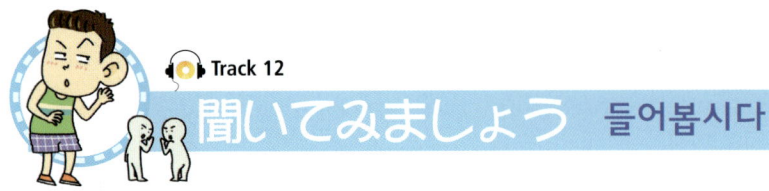

01 다음을 듣고 해당하는 그림의 번호를 고르세요.

예	❶	❷	❸	❹	❺
❹					

❶

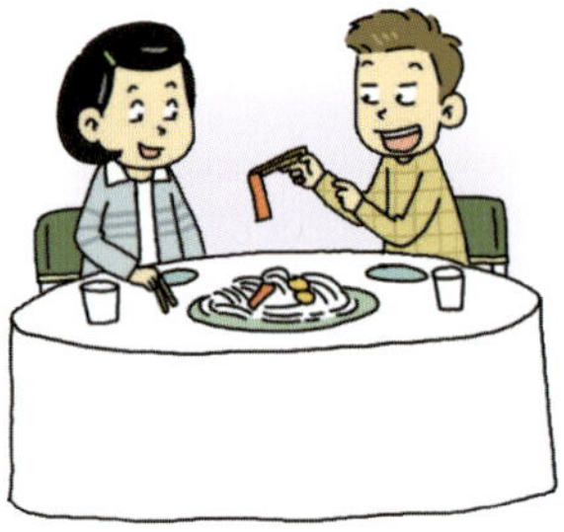

❷

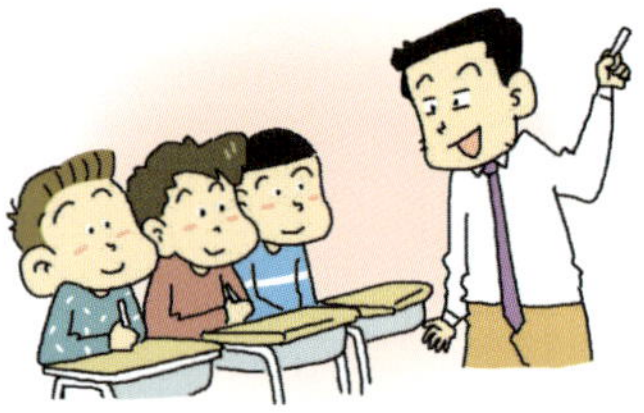

❸

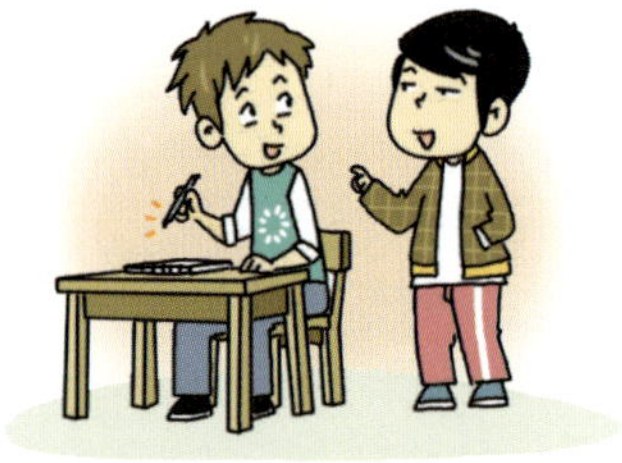

❹

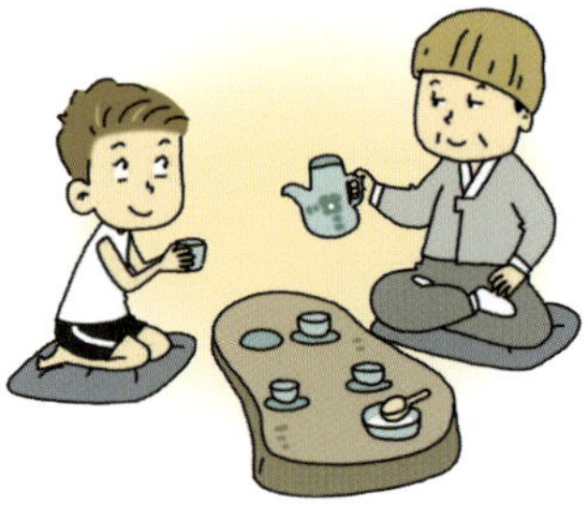

❺

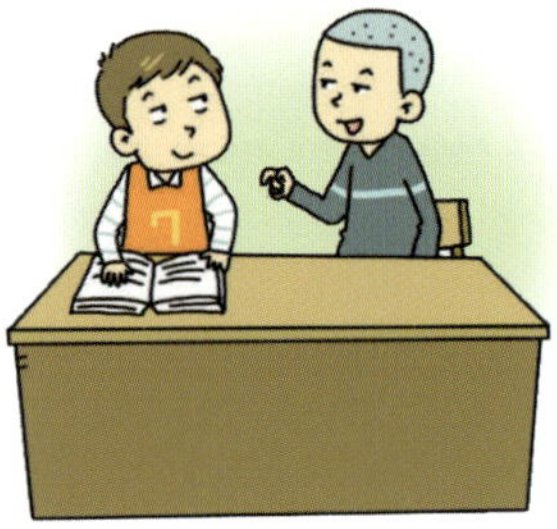

❻

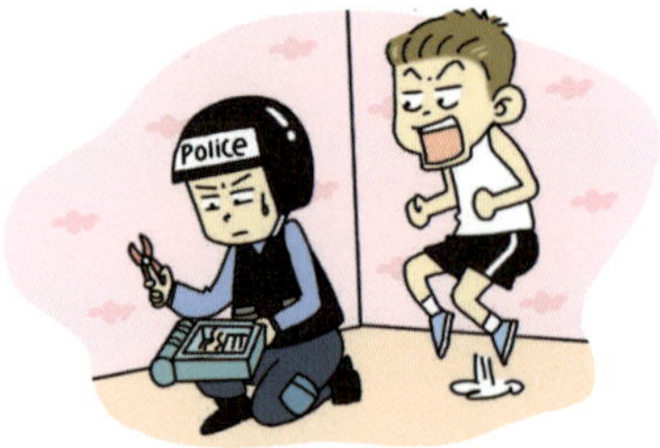

일본의 특이한 관습을 알아보자

세츠분 (節分)
せつぶん

세츠분은 입춘 전날(현재는 2월 3~4일경)로 [복은 집안으로, 잡귀는 집밖으로(福は内、鬼は外)]라고 외치면서 볶은 콩을 뿌리는 [마메마끼(豆まき)]가 행해진다.

가정에서는 잡귀를 쫓는 뜻에서 가장이 도깨비 가면을 쓰고 나타나면 아이들이 볶은 콩을 뿌리는 의식을 행한다.

볶은 콩을 자신의 나이 수만큼 주워서 먹으면 병에 걸리지 않는다고 한다.

또 12개의 콩을 주워서, 그 구워진 상태를 보고 1년 동안의 각 달의 운세를 점치는 콩점 등도 유명하다.

타나바타 (七夕)
たなばた

7월 7일에 열리는 행사로 은하수를 사이에 두고 헤어져 있는 견우, 직녀가 1년에 한번 만난다는 중국의 전설에 기초한 것이다. 단자쿠(短冊)라는 종이에 소원을 적어 대나무 가지에 걸어 놓으면 그 소원이 이루어진다고 한다. 이 때 대나무는 7월 6일에 장식하고, 다음날인 7일에는 바다에 흘려보내는 것이 일반적인 풍습이다.

사진제공 : 일본 국제 관광 진흥회 서울사무소

17

今、何を していますか。
지금 뭐하고 있어요?

ポイント

1. 今、地下鉄を 待っています。
2. 友だちに 会って、映画を 見ます。

- 今 ● 지금
- 勉強 ● 공부
- 話す ● 말하다
- テープ ● 테이프
- ハングル ● 한글
- 練習 ● 연습
- 聞く ● 듣다
- 全部 ● 전부
- 頑張る ● 열심히 하다/분발하다
- 韓国語 ● 한국어
- 覚える ● 외우다

Track 13

パク：鈴木さん、今、何を していますか。

鈴木：テープを 聞きながら、韓国語を 勉強しています。

パク：ハングルは 全部 覚えましたか。

鈴木：はい、全部 覚えて、今は 話す 練習を しています。

パク：頑張っていますね。

覚えましょう 외워봅시다

01 〜ている　　　　　　　　　　　　　　　〜하고 있다(진행)

友だちと 話しています。　　　　　친구와 얘기하고 있습니다
新聞を 読んでいます。　　　　　　신문을 읽고 있습니다
今、地下鉄を 待っています。　　　지금, 지하철을 기다리고 있습니다

02 〜て、〜ます　　　　　　　　　　　　　〜하고, 해서 〜합니다

朝 起きて、ごはんを 食べます。　　　　　아침에 일어나서 밥을 먹습니다
友だちに 会って、映画を 見ます。　　　　친구를 만나서 영화를 봅니다
毎日、プールに 行って、泳ぎます。　　　매일 풀장에 가서 수영합니다

待つ ● 기다리다　　朝 ● 아침　　起きる ● 일어나다　　毎日 ● 매일
ピクニック ● 피크닉　　お弁当 ● 도시락　　おしゃべりを する ● 수다를 떨다　　寝る ● 자다
写真 ● 사진　　撮る ● 찍다　　踊る ● 춤추다　　ベンチ ● 벤치　　座る ● 앉다

話してみましょう 말해봅시다

01 다음 예 와 같이 말해봅시다.

ピクニック

お弁当を 食べる / おしゃべりを する / 寝る / 写真を 撮る / 本を 読む /
歌を 歌う / 踊る / 電話を かける / ベンチに 座る / 音楽を 聞く / タバコを 吸う

예 A：キムさんは 何を していますか。
　　B：お弁当を 食べています。

❶ パクさん　　　　　❻ ユンさん
❷ 森さん　　　　　　❼ 中村さん
❸ 林さん　　　　　　❽ ソンさん
❹ イさん　　　　　　❾ 佐藤さん
❺ チェさん　　　　　❿ アンさん

17 今、何を していますか

話してみましょう　말해봅시다

02　다음 예 와 같이 말해봅시다.

私（わたし）の 一日（いちにち）

朝（あさ）、起（お）きる / 顔（かお）を 洗（あら）う / 朝ごはんを 食（た）べる / 歯（は）を 磨（みが）く / 服（ふく）を 着（き）る / うちを 出（で）る
学校（がっこう）へ 行（い）く / 勉強（べんきょう）を する / 友（とも）だちに 会（あ）う / 昼（ひる）ごはんを 食（た）べる / アルバイトを する
うちへ 帰（かえ）る / 晩（ばん）ごはんを 食（た）べる / お風呂（ふろ）に 入（はい）る / 宿題（しゅくだい）を する / テレビを 見（み）る / 寝（ね）る

예　A：朝（あさ）、起（お）きて 何（なに）を しますか。
　　B：顔（かお）を 洗（あら）って、朝ごはんを 食（た）べます。

一日（いちにち）● 하루　　朝（あさ）● 아침　　起（お）きる ● 일어나다　　顔（かお）● 얼굴
洗（あら）う ● 씻다　　歯（は）● 이　　磨（みが）く ● 닦다　　服（ふく）● 옷
着（き）る ● 입다　　出（で）る ● 나가다　　学校（がっこう）● 학교　　昼（ひる）● 낮
アルバイト ● 아르바이트　　～へ ● ～에　　帰（かえ）る ● 돌아가다　　晩（ばん）ごはん ● 저녁밥
お風呂（ふろ）に 入（はい）る ● 목욕하다　　宿題（しゅくだい）● 숙제　　寝（ね）る ● 자다

聞いてみましょう 들어봅시다

01 다음을 듣고 예 와 같이 맞는 그림을 찾아 번호를 써 넣으세요.

예 鈴木さん ① キムさん ② パクさん ③ 林さん ④ イさん ④ チェさん ⑤ 田中さん

예: ❹

17 今、何を していますか

18

この本、借りてもいいですか。
이 책 빌려도 될까요?

ポイント

1. 허가, 금지 표현 익히기
2. 写真を 撮っても いいですか。
3. ここに 車を 止めては いけません。
4. きのう、会社を 休んで しまいました。

学校 ● 학교	～で ● ～에서	事務の 人 ● 사무실 사람
借りる ● 빌리다	どうしたんですか ● 왜 그러세요/무슨 일이세요?	なくす ● 잃다
でも ● 하지만	～の ● ～의 것	汚す ● 더럽히다

Track 16

(韓国語の 学校で)

鈴木：すみません。ちょっと この本、借りても いいですか。

事務の人：え、どうしたんですか。

鈴木：本を なくしてしまいました。

事務の人：そうですか。いいですよ。あ、でも、この本は
学校のだから 汚しては いけませんよ。

鈴木：はい、わかりました。ありがとうございます。

覚えましょう 외워봅시다

01　〜てもいいです　　　〜해도 됩니다

これは ペンで 書いてもいいです。　　이것은 펜으로 써도 됩니다
ここで 写真を 撮ってもいいですか。　　여기서 사진을 찍어도 됩니까?
暑いから、窓を 開けてもいいですか。　　더우니까 창문을 열어도 됩니까?

02　〜てはいけません　　　〜해서는 안됩니다

ここで タバコを 吸ってはいけません。　　여기서 담배를 피워서는 안됩니다
ここに 車を 止めてはいけません。　　여기에 차를 세워서는 안됩니다
風邪だから、きょうは お風呂に 入ってはいけません。　　감기니까 오늘은 목욕해서는 안됩니다

03　てしまう　　　〜해버렸습니다

きのう、会社を 休んでしまいました。　　어제 회사를 쉬어버렸습니다
走りましたが、地下鉄が 行ってしまいました。　　뛰어갔지만, 지하철이 가버렸습니다
レポートは もう 全部 書いてしまいました。　　레포트는 벌써 전부 썼습니다

〜で ● 수단/방법:〜으로　　ここ ● 여기　　窓 ● 창문　　開ける ● 열다
止める ● 세우다　　風邪 ● 감기　　お風呂に 入る ● 목욕하다　　休む ● 쉬다
走る ● 뛰다　　〜が ● 〜지만/인데　　もう ● 이미　　教室 ● 교실
荷物 ● 짐　　置く ● 놓다/두다　　隣 ● 옆　　座る ● 앉다
店 ● 가게　　前 ● 앞　　連れてくる ● 데리고 오다

話してみましょう 말해봅시다

01 다음 예 와 같이 말해봅시다.

예　ここで 写真を 撮る

A：ここで 写真を 撮っても いいですか。
B：はい、撮っても いいです。
　　いいえ、撮っては いけません。

❶ 教室で タバコを 吸う

❷ ここに 荷物を 置く

❸ 隣に 座る

❹ 店の 前に 車を 止める

❺ 暑いから、窓を 開ける

❻ 友だちを 連れてくる

18 この本、借りても いいですか　49

話してみましょう　말해봅시다

02 다음 예 와 같이 말해봅시다.

예　犬が 死ぬ

A：どうしたんですか。
B：犬が 死んでしまいました。

① 太る

② 鍵を なくす

③ お金を 全部 使う

④ 会社に 遅れる

⑤ 約束を 忘れる

犬 ● 개	死ぬ ● 죽다	どうしたんですか ● 왜 그러세요/무슨 일이세요?
太る ● 살찌다	鍵 ● 열쇠	なくす ● 잃다	お金 ● 돈
使う ● 쓰다	遅れる ● 늦다	約束 ● 약속	忘れる ● 잊다

聞いてみましょう 들어봅시다

01 다음을 듣고 맞는 곳에 ○로 표기하세요.

예	○	X
1	○	X
2	○	X
3	○	X
4	○	X
5	○	X
6	○	X

18 この本、借りてもいいですか

19 誕生日の プレゼントに 友だちが くれました。

생일선물로 친구가 줬습니다

ポイント

1. 私は 恋人に 花を あげました。
2. 友だちは 私に 本を くれました。
3. 私は 恋人から 指輪を もらいました。

すてきだ ●멋지다	セーター ●스웨터	誕生日 ●생일	プレゼント ●선물
〜に ●〜에	くれる ●주다	〜から ●〜에서/부터	何か ●무엇인가
もらう ●받다	作る ●만들다	うらやましい ●부럽다	

パク：鈴木さん、すてきなセーターですね。

鈴木：そうですか。誕生日の プレゼントに 友だちが くれました。

パク：恋人からは 何か もらいましたか。

鈴木：ええ、おいしい韓国料理を 作って もらいました。

パク：それは うらやましいですね。

覚えましょう

01 あげる(나→남)   주다

私は 友だちに バッグを あげました。   나는 친구에게 가방을 주었습니다

私は 恋人に ネクタイを あげました。   나는 애인에게 넥타이를 주었습니다

あなたは 友だちに 何を あげましたか。   당신은 친구에게 무엇을 주었습니까?

02 くれる(남→나)   주다

友だちは 私に 本を くれました。   친구는 나에게 책을 주었습니다

恋人は 私に 指輪を くれました。   애인은 나에게 반지를 주었습니다

恋人は あなたに 何を くれましたか。   애인은 당신에게 무엇을 주었습니까?

03 もらう   받다

私は 友だちに 本を もらいました。   나는 친구에게 책을 받았습니다

私は 恋人から 指輪を もらいました。   나는 애인으로부터 반지를 받았습니다

あなたは 恋人に 何を もらいましたか。   당신은 애인에게 무엇을 받았습니까?

04 제3자 → 제3자

 일반적으로 제3자가 제3자에게 줄 때는 [あげる]를 쓴다

先生は 学生に 本を あげました。   선생님은 학생에게 책을 주었습니다

ジョンさんは 鈴木さんに CDを あげました。   존씨는 스즈끼씨에게 CD를 주었습니다

田中さんは 恋人に 何を あげましたか。   다나까씨는 애인에게 무엇을 주었습니까?

외워봅시다

05 〜てあげる (나 → 남)　　　　〜해 주다

私は 友だちに バッグを 買ってあげました。　　나는 친구에게 가방을 사주었습니다
私は 恋人に 写真を 見せてあげました。　　나는 애인에게 사진을 보여 주었습니다
あなたは 友だちに 何を してあげましたか。　　당신은 친구에게 무엇을 해주었습니까?

06 〜てくれる (남 → 나)　　　　〜해 주다

友だちは 私に 本を 貸してくれました。　　친구는 나에게 책을 빌려주었습니다
恋人は 私に 指輪を プレゼントしてくれました。　　애인은 나에게 반지를 선물해 주었습니다
恋人は あなたに 何を してくれましたか。　　애인은 당신에게 무엇을 해주었습니까?

07 〜てもらう　　　　〜해 받다(〜해 주다)

私は 友だちに 本を 貸してもらいました。　　친구는 나에게 책을 빌려주었습니다
私は 恋人に 指輪を プレゼントしてもらいました。　　애인은 나에게 반지를 선물해 주었습니다
あなたは 恋人に 何を してもらいましたか。　　애인은 당신에게 무엇을 해주었습니까?

バッグ●가방　　ネクタイ●넥타이　　指輪●반지　　写真●사진
見せる●보여주다　　貸す●빌려주다　　プレゼントする●선물하다

19 誕生日の プレゼントに 友だちが くれました

話してみましょう
Track 20

01 다음 예 와 같이 말해봅시다.

예 **時計**

A：あなたは 友だちに 何を あげましたか。
B：(私は 友だちに) 時計を あげました。

わたし　　　　　　とも
私　　　　　　友だち

❶ **本**

わたし　　　　　　とも
私　　　　　　友だち

❷ **花**

わたし　　　　　　こいびと
私　　　　　　恋人

예2 **バッグ**

A：友だちは あなたに 何を くれましたか。
B：(友だちは 私に) バッグを くれました。

예3 A：あなたは 友だちに 何を もらいましたか。
B：(私は 友だちに) バッグを もらいました。

とも　　　　　　わたし
友だち　　　　　　私

❶ **セーター**

とも　　　　　　わたし
友だち　　　　　　私

❷ **指輪**

こいびと　　　　わたし
恋人　　　　　　私

| 花 ●꽃 | バッグ ●가방 | セーター ●스웨터 | 指輪 ●반지 | 作る ●만들다 |
| ソウル ●서울 | 案内する ●안내하다 | 見せる ●보여주다 | おごる ●한턱내다 | 教える ●가르치다 |

56　すくすく 日本語 초급

말해봅시다

02 다음 예 와 같이 말해봅시다.

私　　　　友だち

예　時計を 買う
　　A：あなたは 友だちに 何を してあげましたか。
　　B：(私は 友だちに) 時計を 買ってあげました。

私　　　　恋人

❶ ケーキを 作る

私　　　　鈴木

❷ ソウルを 案内する

友だち　　　私

예　映画を 見せる
　　A：友だちは あなたに 何を してくれましたか。
　　B：(友だちは 私に) 映画を 見せてくれました。

恋人　　　　私

❶ お酒を おごる

鈴木　　　　私

❷ 日本語を 教える

19 誕生日の プレゼントに 友だちが くれました

01 다음을 듣고 번호에 해당하는 그림을 아래에서 골라서 넣으세요.

자주 쓰는 일본어의 부사와 접속사

부사

とても	아주, 매우	やはり(やっぱり)	역시
あまり	별로, 그다지	もっと	더, 더욱
まだ	아직	すぐ	곧, 바로, 금방
もう	이미, 벌써, 이젠	きっと	틀림없이
また	또, 또다시	たぶん	아마(도)
すこし	조금	なかなか	좀처럼, 상당히, 꽤
いつも	항상, 언제나	ほとんど	거의, 대부분
よく	자주, 잘	かならず	반드시, 꼭
ときどき	가끔, 때때로	ちょうど	마침, 꼭
たまに	가끔	まるで	마치
ぜんぜん	전혀	ぜひ	부디, 제발, 꼭
もちろん	물론	もし	만약

접속사

そして	그리고	それから	그리고, 그리고 나서
それに	게다가	だから(ですから)	그래서
それで	그래서	でも	하지만
しかし	그러나	けれども	그러나, 하지만
ところで	그런데	ところが	그런데, 그러나

20 カラオケに 行ったことが ありますか。

노래방에 간 적이 있나요?

ポイント

1. た형 익히기
2. 会社を 休んだことが あります。

カラオケ ● 노래방
歌 ● 노래
今度 ● 다음에
あまり ● 그다지/별로
たくさん ● 많이
一緒に ● 함께/같이
まだ ● 아직
ある ● 있다

パク：鈴木さん、韓国で カラオケに 行ったことが ありますか。

鈴木：いいえ、行ったことが ありません。

パク：カラオケは あまり 好きじゃありませんか。

鈴木：いいえ、好きですが、まだ 韓国語が 下手ですから…。

パク：韓国の カラオケにも 日本の 歌が たくさん ありますよ。
　　　今度、一緒に 行きましょう。

覚えましょう

01 ～た형(과거형) ～했다

		기본형	て형	た형
1그룹동사	く → いた	聞く	聞いて	聞いた
	ぐ → いだ	急ぐ	急いで	急いだ
	す → した	話す	話して	話した
	う、つ、る → った	買う	買って	買った
		待つ	待って	待った
		撮る	撮って	撮った
	ぬ、ぶ、む → んだ	死ぬ	死んで	死んだ
		遊ぶ	遊んで	遊んだ
		飲む	飲んで	飲んだ
	예외	行く	行って	行った
2그룹동사	る → た	着る	着て	着た
		食べる	食べて	食べた
		寝る	寝て	寝た
3그룹동사		来る	来て	来た
		する	して	した

외워봅시다

02 ～た ことが ある　　　　　　～한 적이 있다

会社を 休んだことが あります。　　　회사를 쉰 적이 있습니다

日本料理を 作ったことが ありますか。　일본요리를 만든 적이 있습니까?

中国語は 勉強したことが ありません。　중국어는 공부한 적이 없습니다

買う ● 사다　　撮る ● 찍다　　着る ● 입다　　寝る ● 자다
休む ● 쉬다　　作る ● 만들다　中国語 ● 중국어

話してみましょう

Track 23

01 다음 예 와 같이 밑줄 친 부분을 바꾸어서 말해봅시다.

예　A：スキーを したこと ある？
　　B：うん、ある。
　　　ううん、ない。

예문해석
A : 스키 타 본적 있어?
B : 응, 있어.
　 아니, 없어.

スキーをする

① 東京に 行く

② 日本人と 話す

③ 着物を 着る

④ 学校を 休む

スキー ● 스키	ある ● 있다	ない ● 없다	東京 ● 동경
着物 ● 기모노	着る ● 입다	休む ● 쉬다	外国 ● 외국
芸能人 ● 연예인	出る ● 나가다	作る ● 만들다	一人で ● 혼자서
貸す ● 빌려주다	ドラマ ● 드라마	泣く ● 울다	

말해봅시다

02 다음 예 와 같이 말해봅시다.

예 外国へ 行く
A : 外国へ 行ったことが ありますか。
B : はい、(行ったことが) あります。
　　いいえ、(行ったことが) ありません。

❶ 芸能人に 会う

❷ テレビに 出る

❸ 日本料理を 作る

❹ 一人で お酒を 飲む

❺ 友だちに 車を 貸す

❻ ドラマを 見て 泣く

聞いてみましよう 들어봅시다

1 다음을 듣고 맞는 곳에 ○로 표기하세요.

	○	×
예	○	
1		
2		
3		
4		
5		

동경에서 가보고 싶은 곳

도쿄에서 가장 오래된 사찰
아사쿠사 센소지 (浅草浅草寺)

아사쿠사센소지와 가미나리몬(雷門)으로 유명한 아사쿠사는 100여개의 전통적인 물건을 판매하고 있는 나카미세도오리를 지나면 나온다.
센소지 경내로 들어오면 본당 앞의 청동 화로에서 연기를 쐬는데, 이 연기가 병에 대한 치유력이 있다고 하여 많은 참배객이 찾아오고 있다.

일본 최대의 전자상가 아키하바라 (秋葉原)

최신식 전자·전기제품 등이 판매되는, 최첨단을 걷고 있는 일본을 한눈에 보여주는 곳이며, 면세점이 곳곳에 있어 전자제품을 저렴한 가격으로 살 수 있는 곳이기도 하다. 또한 hobby의 메카라 불릴 정도로 게임, 프라모델, 애니메이션 등 각종 콘텐츠가 밀집되어 수많은 볼거리와 구매의욕을 자극하는 곳이다.

황거 (皇居)

지금의 천황이 살고 있는 곳으로 미리 예약을 하면 무료로 황거를 둘러볼 수 있다.

젊음의 거리 하라주쿠 (原宿)

다케시타 거리의 오래된 구제숍에서부터 오모테산도의 명품브랜드숍 등 다양한 패션 부띠크와 캐릭터점 등이 있는 곳으로 주말에는 요요기공원에서 코스프레를 즐기는 젊은이들을 만날 수 있다.

오다이바 (お台場)

최신식 쇼핑타운과 어뮤즈먼트, 호텔, 방송국과 동경 최대의 박람회장 등 다채로운 시설이 갖춰진 신개념의 리조트식 타운이다. 오다이바의 명물로는 해변공원에서 보이는 야경이 아름다운 레인보우브릿지와 뉴욕의 자유의 여신상을 그대로 조각해 놓은 동상이 있다. 또한 교통수단으로는 모노레일, 수상버스, 페리 등이 있다.

사진제공 : 일본 국제 관광 진흥회 서울사무소

21

薬を 飲んだら どうですか。
약을 먹는 것이 어떻습니까?

ポイント

1. 제안, 충고 표현 익히기
2. 病院に 行ったら どうですか。
3. 薬を 飲んだ方が いいです。

どうしたんですか ● 왜 그러세요?	～から ● ~부터	頭 ● 머리	痛い ● 아프다
熱 ● 열	～も ● ~도	ある ● 있다	薬 ● 약
どうですか ● 어떻습니까?	もう ● 이미/벌써	でも ● 하지만	なかなか ● 좀처럼
治る ● 낫다	それなら ● 그렇다면	早く ● 빨리/일찍	病院 ● 병원

Track 25

パク：どうしたんですか。

鈴木：きのうから 頭が 痛くて、熱も あるんです。

パク：薬を 飲んだら どうですか。

鈴木：薬は もう 飲みました。でも、なかなか 治りません。

パク：それなら、早く 病院に 行った 方が いいですよ。

覚えましょう 외워봅시다

01 ～た 方が いいです。　　　～하는 편(쪽)이 좋습니다

薬を 飲んだ方が いいです。　　　약을 먹는 편이 좋습니다

早く うちに 帰った方が いいです。　　　일찍 집에 돌아가는 편이 좋습니다

先生に 話した方が いいですよ。　　　선생님에게 이야기하는 편이 좋습니다

02 ～たら どうですか。　　　～하는 것이 어떻습니까?

少し 休んだら どうですか。　　　조금 쉬는 게 어떻습니까?

病院に 行ったら どうですか。　　　병원에 가는 것이 어떻습니까?

先生に 聞いたら どうですか。　　　선생님에게 물어보는 것이 어떻습니까?

03 ～んです。　　　～해서요, ~인 것입니다

 이유나 설명을 할 때, 또는 의문문의 형태로 이유나 설명을 요구할 때, 강조하거나 설득할 때 주로 사용하며, 문장에서는 [ん] 대신에 [の]를 사용하기도 한다

薬 ● 약　　　早く ● 일찍　　　少し ● 조금　　　病院 ● 병원

聞く ● 듣다/묻다　　　頭 ● 머리　　　痛い ● 아프다　　　あし ● 다리

タクシー ● 택시　　　呼ぶ ● 부르다　　　お腹 ● 배　　　のど ● 목

やめる ● 그만두다/끊다　　　熱 ● 열　　　せき ● 기침　　　出る ● 나오다

うがいを する ● 가글을 하다

話してみましょう 말해봅시다

01 다음 예 와 같이 말해봅시다.

예　頭が 痛い / 薬を 飲む

A：どうしたんですか。
B：頭が 痛いんです。
A：それなら、薬を 飲んだ方が いいですよ。

❶ あしが 痛い / タクシーを 呼ぶ

❷ お腹が 痛い / 病院に 行く

❸ のどが 痛い / タバコを やめる

❹ 熱が ある / うちで ゆっくり 休む

❺ せきが 出る / うがいを する

21 薬を 飲んだら どうですか | 71

話してみましょう 말해봅시다

02 다음 예 와 같이 말해봅시다.

예 お金が ほしい / アルバイトを する
A：お金が ほしいです。
B：じゃあ、アルバイトを したら どうですか。

❶ デジカメが ほしい / ヨンサンに 行く

❷ 恋人が ほしい / 合コンでも する

❸ 休みが ほしい / 部長に 頼む

❹ 日本語の 辞書が ほしい / 先生に 聞く

❺ 日本人の 友だちが ほしい / 日本語を 習う

お金 ● 돈　　～が ほしい ● ～을/를 갖고 싶다　　アルバイト ● 아르바이트
デジカメ(デジタルカメラ) ● 디지털카메라　　合コン ● 미팅　　休み ● 휴일/휴가
部長 ● 부장님　　頼む ● 부탁하다　　辞書 ● 사전　　聞く ● 묻다　　習う ● 배우다

聞いてみましょう 들어봅시다

01 다음을 듣고 예 와 같이 맞는 그림을 찾아 번호를 써 넣으세요.

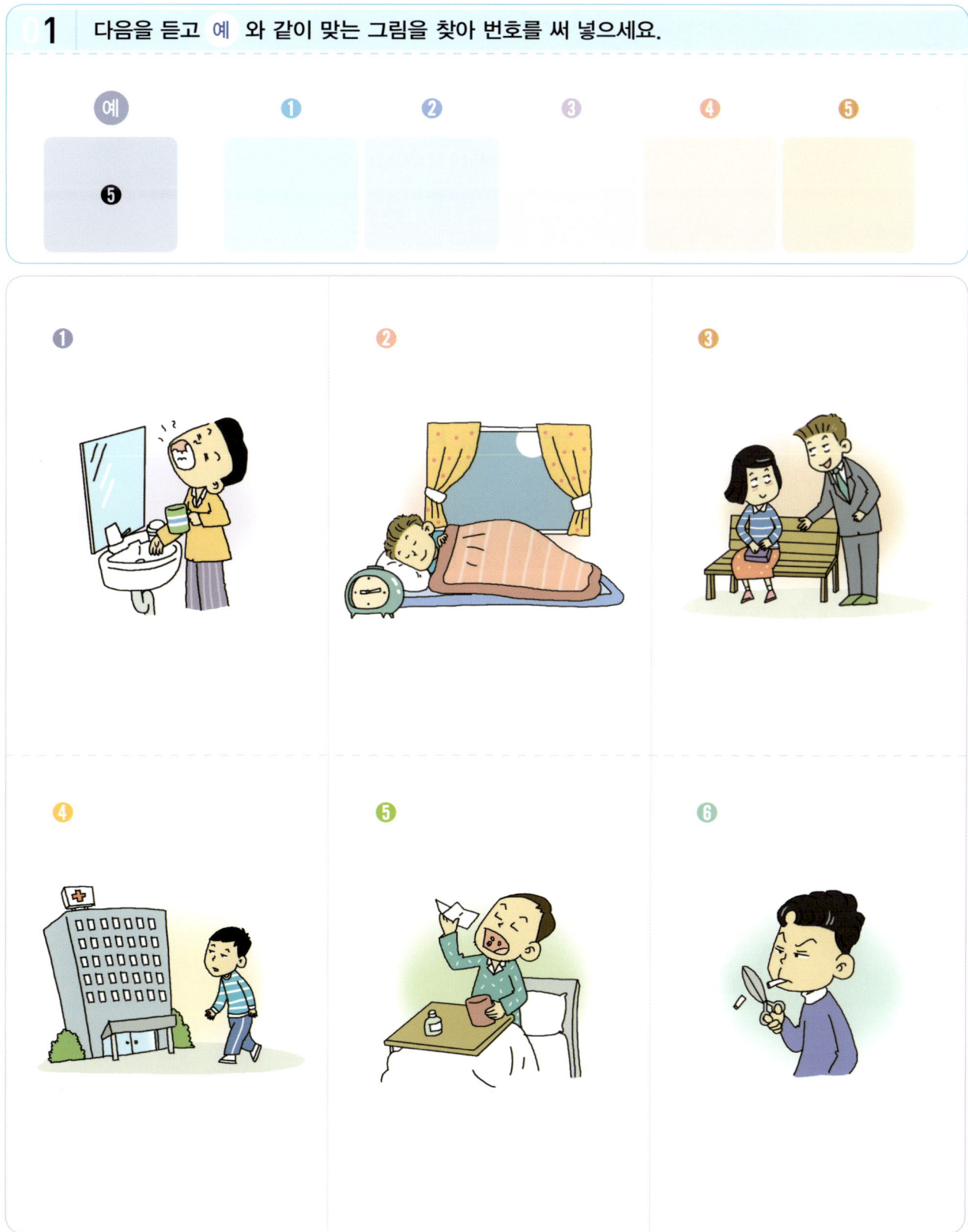

21 薬を 飲んだら どうですか

22

ごろごろしたり、映画を見たりします。

빈둥빈둥거리거나, 영화를 보거나 합니다

ポイント

1. 夜は テレビを 見たり、雑誌を 読んだり します。
2. 日本語を 習ってから うちへ 帰ります。

週末 ● 주말
～から ● ～이기 때문에
ごろごろする ● 빈둥빈둥거리다
いつも ● 언제나/항상
部屋 ● 방
運動 ● 운동
平日 ● 평일
掃除 ● 청소
忙しい ● 바쁘다
たいてい ● 대개

鈴木：パクさん、週末は いつも 何を しますか。

パク：平日は 忙しいから、週末は 部屋の 掃除を します。

鈴木：部屋の 掃除を してから 何を しますか。

パク：たいてい うちで ごろごろしたり、友だちに 会って 映画を 見たり します。鈴木さんは？

鈴木：私も 友だちに 会ったり、運動を したり します。

覚えましょう 외워봅시다

01 〜たり〜たり する　　〜하거나 〜하거나 한다

夜は テレビを 見たり 雑誌を 読んだり します。
밤에는 텔레비전을 보거나 잡지를 읽거나 합니다

友だちに 会って 映画を 見たり ごはんを 食べたり します。
친구를 만나서 영화를 보거나, 밥을 먹거나 합니다

きのうは うちで 音楽を 聞いたり 散歩したり しました。
어제는 집에서 음악을 듣기도 하고 산책하기도 했었습니다

02 〜てから　　〜하고 나서

ごはんを 食べてから コーヒーを 飲みます。　밥을 먹고 나서 커피를 마십니다

日本語を 習ってから うちへ 帰ります。　일본어를 배우고 나서 집에 돌아갑니다

電話を してから 友だちの うちへ 行きます。　전화를 하고 나서 친구 집에 갑니다

夜 ● 밤　　雑誌 ● 잡지　　散歩する ● 산책하다
習う ● 배우다　　週末 ● 주말　　眠い ● 졸리다
時 ● 때　　メール ● 메일　　チェックする ● 체크하다
暇だ ● 한가하다　　買い物 ● 쇼핑　　ジム ● 헬스클럽
〜に 通う ● 〜에 다니다　　旅行 ● 여행　　夏休み ● 여름방학/여름휴가

話してみましょう 말해봅시다

01 다음 예 와 같이 말해봅시다.

예 本を 読む / 友だちに 会う
A: 週末は 何を しますか。
B: 本を 読んだり 友だちに 会ったり します。

❶ コーヒーを 飲む / タバコを 吸う
A: 眠い時は 何を しますか。
B:

❷ 電話を かける / メールを チェックする
A: 暇な時は 何を しますか。
B:

❸ 映画を 見る / 買い物を する
A: 友だちに 会って 何を しますか。
B:

❹ 友だちと 遊ぶ / うちで 音楽を 聞く
A: きのうは 何を しましたか。
B:

❺ ジムに 通う / 旅行に 行く
A: 夏休みは 何を しましたか。
B:

22 ごろごろしたり、映画を 見たり します

話してみましょう　말해봅시다

02　다음 예 와 같이 말해봅시다.

예　ごはんを 食べる / 歯を 磨く

A：ごはんを 食べてから 何を しますか。
B：ごはんを 食べてから 歯を 磨きます。

❶ 朝、起きる / 新聞を 読む

❷ うちに 帰る / お風呂に 入る

❸ 日本語を 習う / 旅行に 行く

❹ 仕事が 終わる / 買い物を する

歯●이　　磨く●닦다　　お風呂に 入る●목욕을 하다　　習う●배우다
旅行●여행　　終わる●끝나다　　買い物●쇼핑

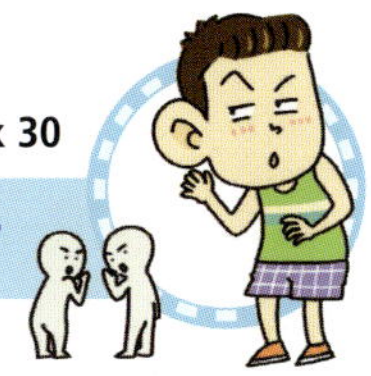

聞いてみましょう 들어봅시다

1 다음을 듣고 예 처럼 각각 주말에 하는 것을 찾아 번호를 써 넣으세요.

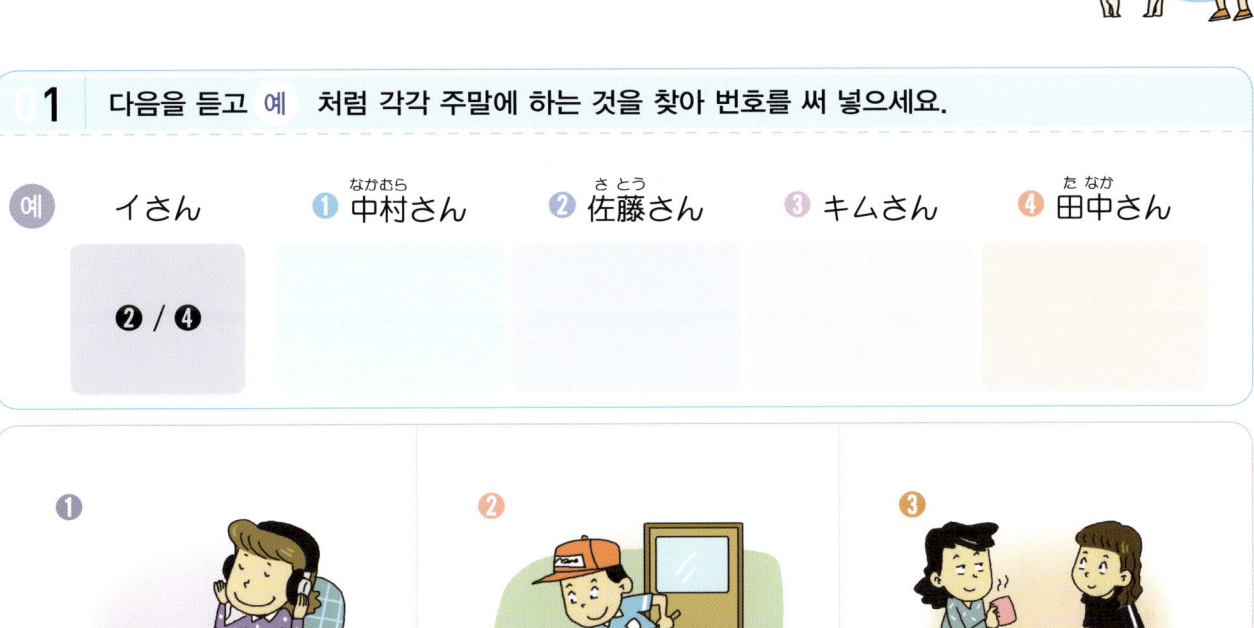

22 ごろごろしたり、映画を 見たり します

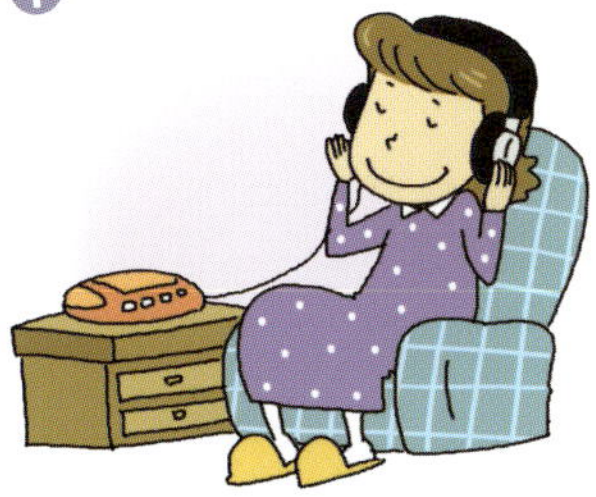

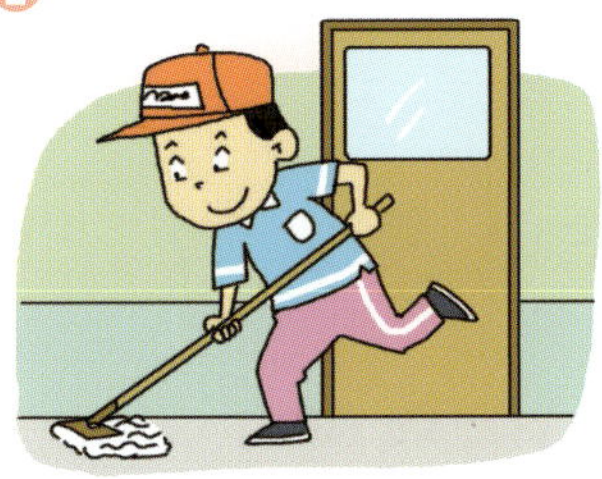

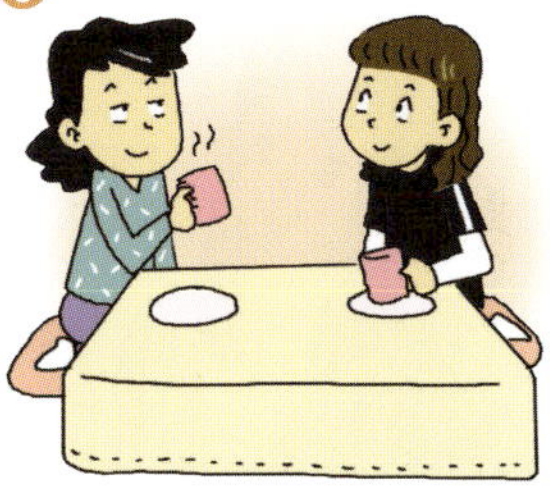

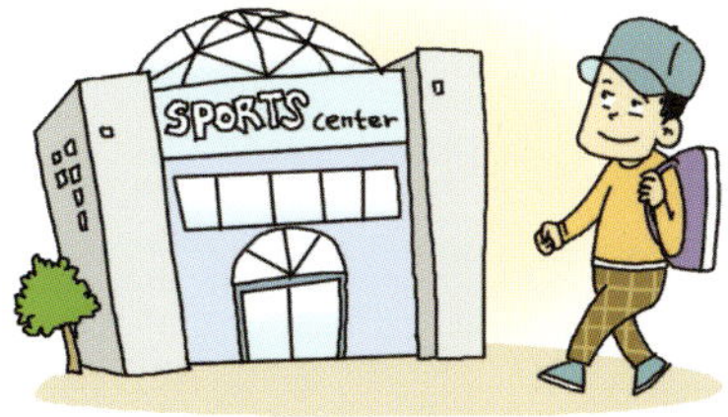

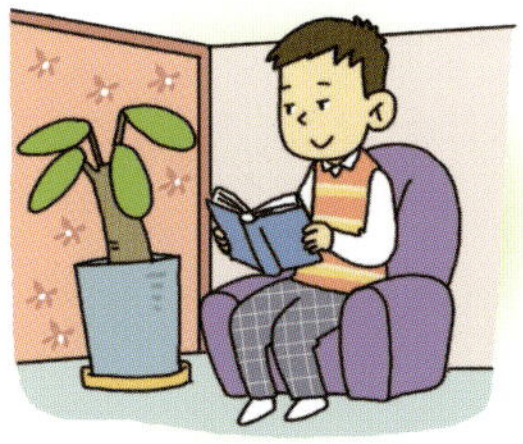

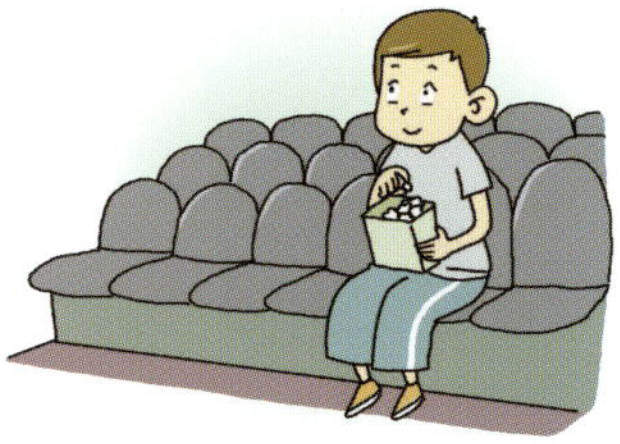

23

お風呂に 入らないでください。

목욕하지 마세요

ポイント

1. **ない**형 익히기
2. 授業中に 韓国語を 使わ**ない**でください。
3. 風邪だから、お風呂に 入ら**ない**方がいいです。

医者 ● 의사	ひどい ● 심하다	熱 ● 열	ずっと ● 계속/쭉
頭 ● 머리	痛い ● 아프다	お風呂に 入る ● 목욕을 하다	それから ● 그리고
無理 ● 무리	ゆっくり ● 푹/천천히	わかる ● 알다/이해하다	

医者：ひどい熱ですね。

鈴木：ええ、ずっと頭が痛いんです。

医者：きょうはお風呂に入らないでください。

鈴木：はい。

医者：それから、無理をしない方がいいですから、

うちでゆっくり休んでください。

鈴木：はい、わかりました。

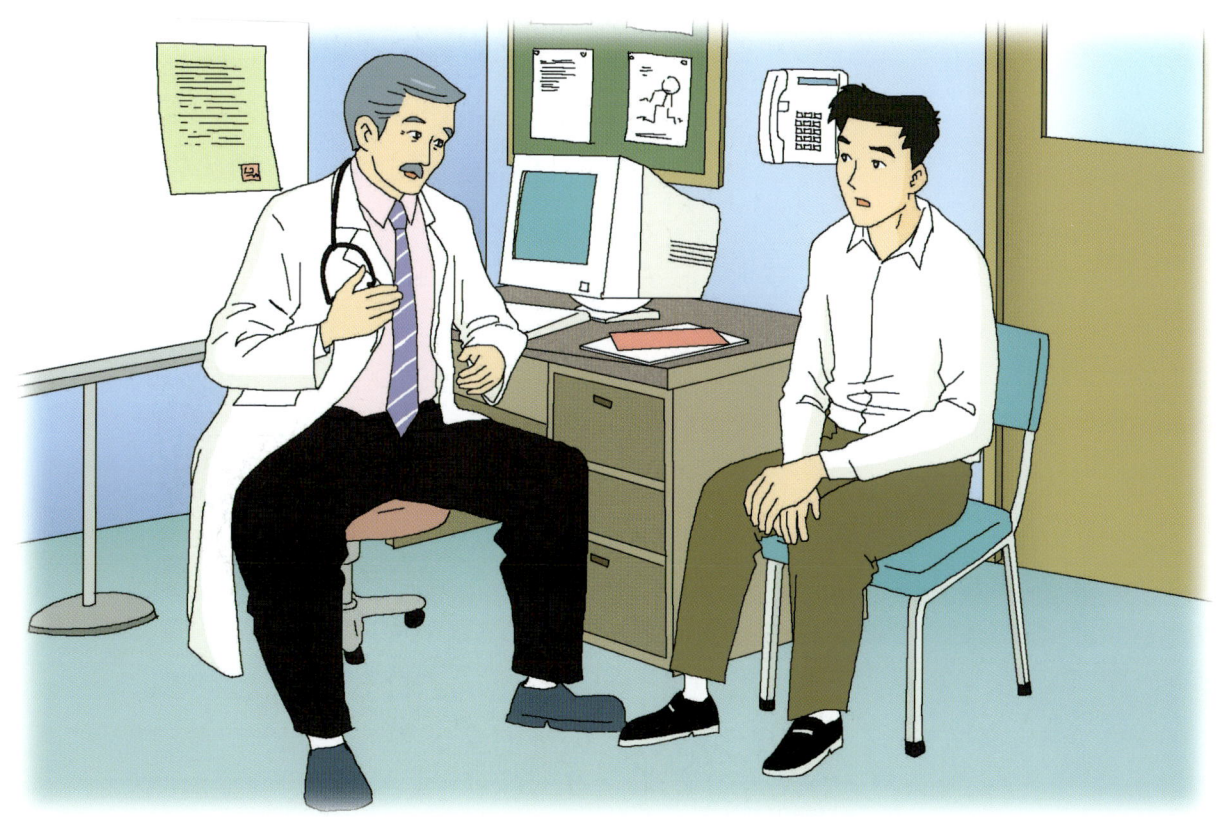

覚えましょう

01 〜ない형 (부정형) 〜하지 않는다

		기본형	ない형
1그룹동사	어미 あ단+ない	泣く	泣かない
		泳ぐ	泳がない
		話す	話さない
		持つ	持たない
		死ぬ	死なない
		呼ぶ	呼ばない
		頼む	頼まない
		座る	座らない
	예외 う → わ	使う	使わない
2그룹동사	る+ない	見る	見ない
		遅れる	遅れない
		忘れる	忘れない
3그룹동사		来る	来ない
		する	しない

외워봅시다

02 ～ないでください   ～하지 마세요

約束を 忘れないでください。   약속을 잊지 마세요
鍵を なくさないでください。   열쇠를 잃어버리지 마세요
授業中に 韓国語を 使わないでください。   수업 중에는 한국어를 사용하지 마세요

03 ～ない方が いいです   ～하지 않는 편(쪽)이 좋습니다

風邪だから、お風呂に 入らない方が いいです。
감기니까 목욕을 하지 않는 편이 좋습니다

太るから、夜は 食べない方が いいです。
살찌니까 밤에는 먹지 않는 편이 좋습니다

雪が 降るから、車で 来ない方が いいですよ。
눈이 오니까 자동차로 오지 않는 편이 좋습니다

泣く●울다	持つ●들다/가지다	呼ぶ●부르다	頼む●부탁하다
座る●앉다	使う●사용하다	遅れる●늦다	忘れる●잊다
約束●약속	鍵●열쇠	なくす●잃어버리다/분실하다	授業中●수업 중
風邪●감기	太る●살찌다	雪●눈	降る●내리다/오다

話してみましょう

Track 32

01 다음 예 와 같이 말해봅시다.

授業中

예 寝る

A : 寝ないでください。

B : はい、わかりました。

❶ 靴を 脱ぐ

❷ 電話に 出る

❸ 隣の人と 話す

❹ ごみを 捨てる

❺ メールを 送る

❻ 遅刻する

❼ ペットを 連れてくる

말해봅시다

02 다음 예 와 같이 말해봅시다.

예 のどが 痛い / タバコを 吸う

A：どうしたんですか。
B：のどが 痛いんです。
A：それなら、タバコを 吸わない 方が いいですよ。

❶ お腹が 痛い / お酒を 飲む

❷ 歯が 痛い / 冷たい 物を 食べる

❸ 腰が 痛い / 重いものを 持つ

❹ 具合が 悪い / 無理を する

授業中 ● 수업중	靴 ● 구두/신발	脱ぐ ● 벗다	電話に 出る ● 전화를 받다	隣 ● 옆
人 ● 사람	ごみ ● 쓰레기	捨てる ● 버리다	メール ● 문자 메시지/메일	送る ● 보내다
遅刻する ● 지각하다	ペット ● 애완동물	連れてくる ● 데리고 오다		歯 ● 이
冷たい ● 차갑다	物 ● 물건/것	腰 ● 허리	重い ● 무겁다	持つ ● 들다/가지다
具合が 悪い ● 몸 상태가 나쁘다		無理 ● 무리		

23 お風呂に 入らないでください | 85

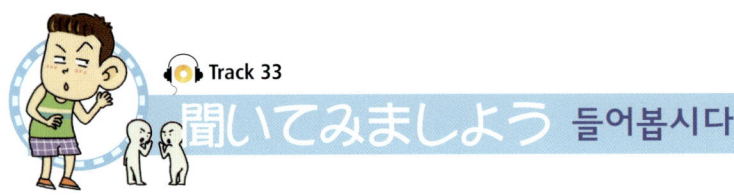

Track 33

聞いてみましょう 들어봅시다

01 예 와 같이 의사의 충고를 듣고 해야 하는 것에 ○, 하지 않아야 하는 것에 X 로 표시하세요.

예

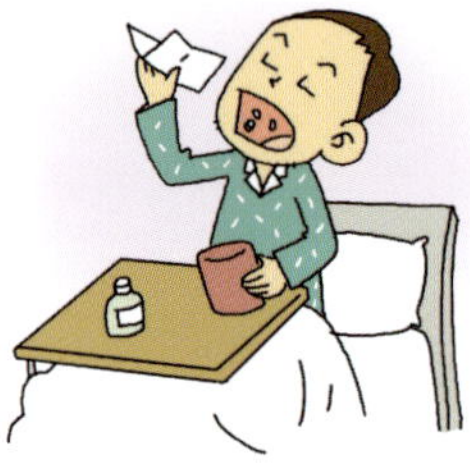

○

❶

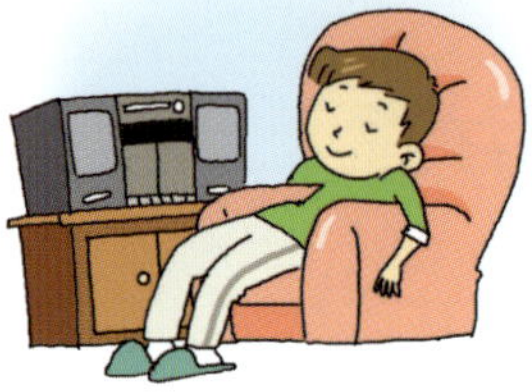

❷

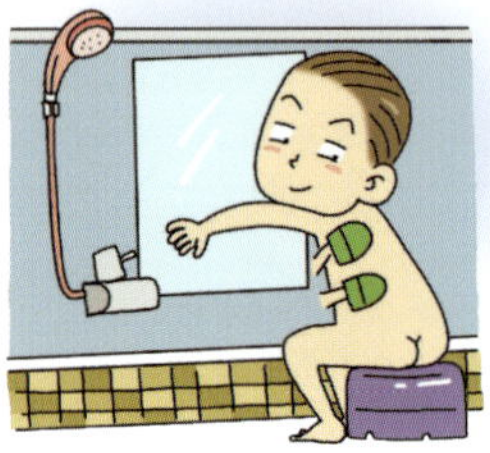

❸

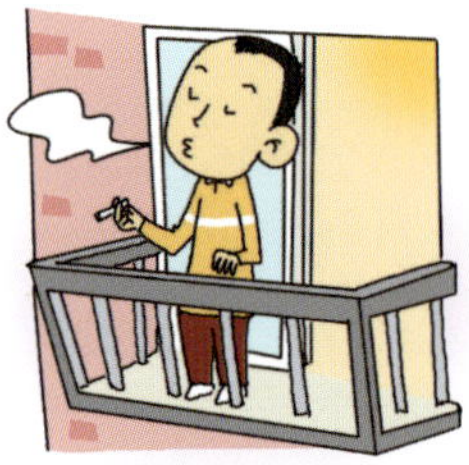

❹

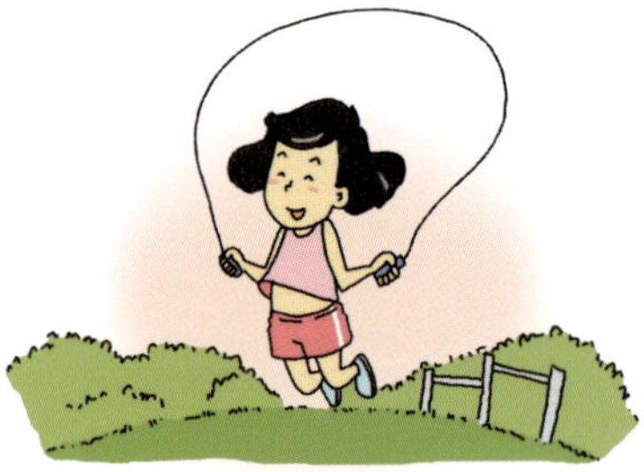

❺

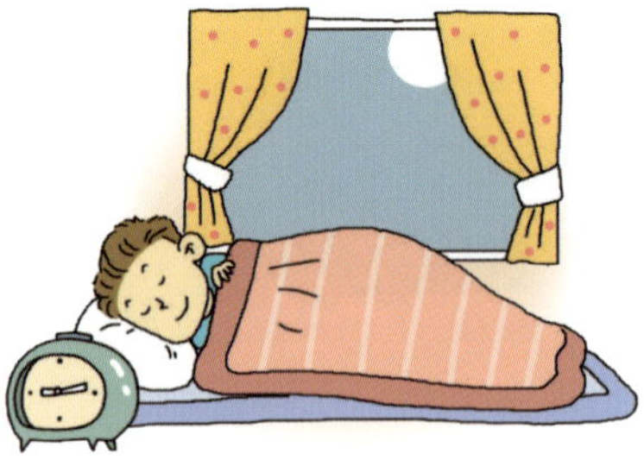

몸의 명칭에 대해 알아보자

体 몸

- 頭 (머리)
- 髪の毛 (머리카락)
- 眉毛 (눈썹)
- 額 (이마)
- 耳 (귀)
- 目 (눈)
- 鼻 (코)
- 顔 (얼굴)
- 歯 (이)
- 肩 (어깨)
- 口 (입)
- 胸 (가슴)
- 首 (목)
- 肘 (팔꿈치)
- 腕 (팔)
- 腰 (허리)
- 手 (손)
- お腹/腹 (배)
- 脚 (다리)
- 膝 (무릎)
- 足 (발)

体の 具合 몸의 상태

鼻が 詰まる	코가 막히다	熱が ある	열이 있다
肩が こる	어깨가 결리다	鼻水が 出る	콧물이 나오다
顔色が 悪い	안색이 나쁘다	寒気が する	한기가 든다/으슬으슬하다
体が だるい	몸이 나른하다	下痢を する	설사를 하다
食欲が ない	식욕이 없다	吐き気が する	토할 것 같다

24

うちで のんびり しようと思(おも)います。

집에서 한가하게 쉬려고 합니다

ポイント

1. 의지형(うよう형) 익히기
2. あしたは 3時(じ)から 会議(かいぎ)が ある 予定(よてい)です。
3. 今度(こんど)の 休(やす)みは 家族(かぞく)と 温泉(おんせん)に 行(い)くつもりです。
4. 来年(らいねん)、日本(にほん)に 留学(りゅうがく)しようと思(おも)います。

夏休(なつやす)み ● 여름방학/여름휴가　　どこか ● 어딘가　　プサン ● 부산　　予定(よてい) ● 예정

泳(およ)ぐ ● 수영하다　　さしみ ● 회　　のんびりする ● 느긋하게 쉬다/한가하게 쉬다

それも ● 그것도

パク：鈴木さん、夏休みは どこかへ 行きますか。

鈴木：はい、友だちと プサンへ 行く予定です。

パク：そうですか。プサンへ 行って 何を するんですか。

鈴木：海で 泳いだり、おいしいさしみを 食べたり するつもりです。パクさんは？

パク：私は うちで のんびり しようと思います。

鈴木：それも いいですね。

覚えましょう

01 기본형 + 予定だ　　　　　　　　　　　　　　　　　~할 예정입니다

週末は 友だちと テニスを する予定です。　주말에 친구와 테니스를 칠 예정입니다

田中さんは 8時の バスに 乗る予定です。　다나까씨는 8시 버스를 탈 예정입니다

あしたは 3時から 会議が ある予定です。　내일은 3시부터 회의가 있을 예정입니다

02 기본형 + つもりだ　　　　　　　　　　　　　　　　~할 생각이다

今度の 休みは 家族と 温泉に 行くつもりです。
이번 휴일에는 가족과 온천에 갈 생각입니다

きょうは 具合が 悪いから 早く 寝るつもりです。
오늘은 몸 상태가 좋지 않기 때문에 일찍 잘 생각입니다

来年、日本に 留学するつもりです。　내년에 일본에 유학 갈 생각입니다

03 의지형 + と思う　　　　　　　　　　　　　　　　　~하려고 생각한다

今度の 休みは 家族と 温泉に 行こうと思います。
이번 휴일에는 가족과 온천에 가려고 생각합니다

きょうは 具合が 悪いから 早く 寝ようと思います。
오늘은 몸 상태가 좋지 않기 때문에 일찍 자려고 생각합니다

来年、日本に 留学しようと思います。　내년에 일본에 유학가려고 생각합니다

週末 ● 주말　　テニス ● 테니스　　バス ● 버스　　乗る ● 타다
会議 ● 회의　　今度 ● 이번　　休み ● 휴일　　家族 ● 가족
温泉 ● 온천　　具合が 悪い ● 몸 상태가 나쁘다　　来年 ● 내년　　留学する ● 유학가다
習う ● 배우다　　貸す ● 빌려주다　　持つ ● 들다/가지다　　呼ぶ ● 부르다
頼む ● 부탁하다　　起きる ● 일어나다　　忘れる ● 잊다　　教える ● 가르치다

외워봅시다

04 う/よう형(의지형) ~해야지(의지)/~하자(권유)

		기본형	~う/よう형
1그룹동사	어미 お단+う	習う	習おう
		聞く	聞こう
		泳ぐ	泳ごう
		貸す	貸そう
		持つ	持とう
		死ぬ	死のう
		呼ぶ	呼ぼう
		頼む	頼もう
		撮る	撮ろう
2그룹동사	る+よう	起きる	起きよう
		忘れる	忘れよう
		教える	教えよう
3그룹동사		来る	来よう
		する	しよう

24 うちで のんびり しようと 思います

話してみましょう

01 다음 예 와 같이 말해봅시다.

예 A：休みは 何を する予定ですか。（ジェジュド）
　B：ジェジュドに 行く予定です。

❶ A：何で 行く予定ですか。（飛行機）
　B：

❷ A：どこに 泊まる予定ですか。（ホテル）
　B：

❸ A：何を するつもりですか。（写真を 撮る）
　B：

❹ A：何を 食べるつもりですか。（さしみ）
　B：

❺ A：お土産は 何を 買うつもりですか。（みかん）
　B：

何で ● 무엇으로　　飛行機 ● 비행기　　どこ ● 어디
～に 泊まる ● ~에 묵다/숙박하다　　ホテル ● 호텔　　さしみ ● 회
お土産 ● 선물　　先輩 ● 선배　　あした ● 내일
夜 ● 밤　　週末 ● 주말　　旅行 ● 여행
来年 ● 내년　　留学する ● 유학가다

말해봅시다

02 다음 예 와 같이 말해봅시다.

예 先輩に 会う

A:あしたは 何を しますか。
B:先輩に 会おうと 思います。

❶ 友だちに 電話を かける

A:夜は 何を しますか。
B:

❷ 友だちと 遊ぶ

A:週末は 何を しますか。
B:

❸ 旅行に 行く

A:夏休みは 何を しますか。
B:

❹ お酒を 飲む

A:友だちに 会って 何を しますか。
B:

❺ 来年、留学する

A:日本語を 習って 何を しますか。
B:

Track 36

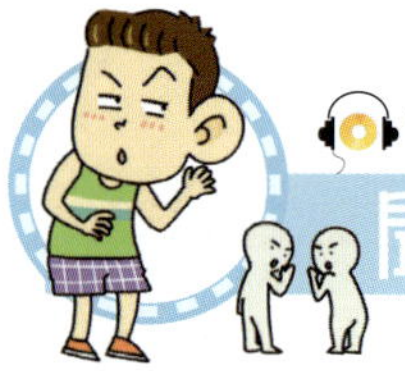

聞いてみましょう 들어봅시다

01 다음을 듣고 예 와 같이 맞는 그림을 찾아 번호를 써 넣으세요.

예	❶	❷	❸	❹	❺	❻
❺						

❶

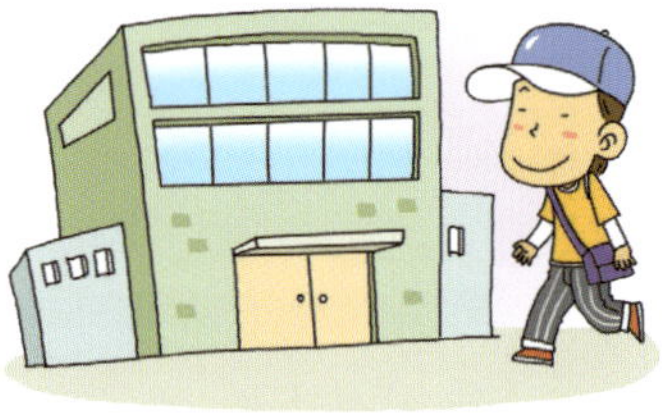

❷

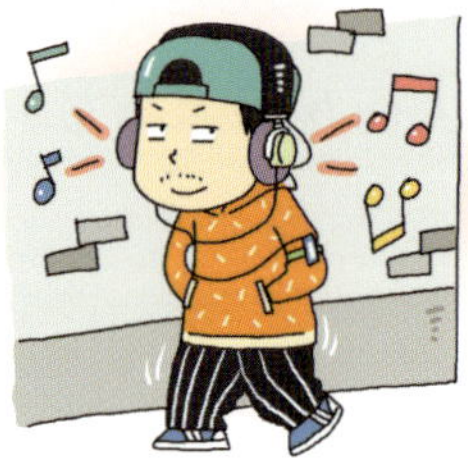

❸

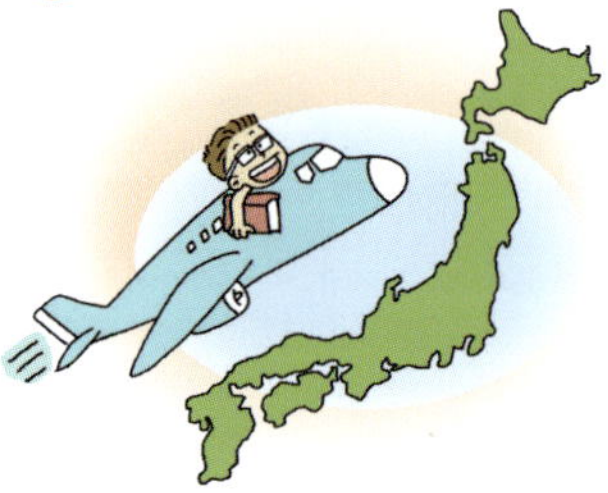

❹

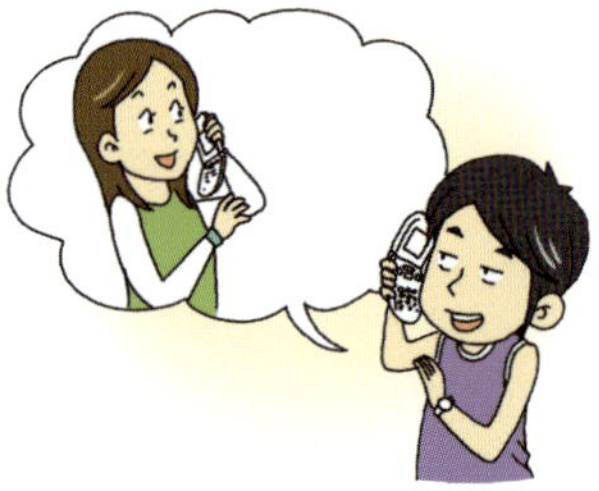

❺

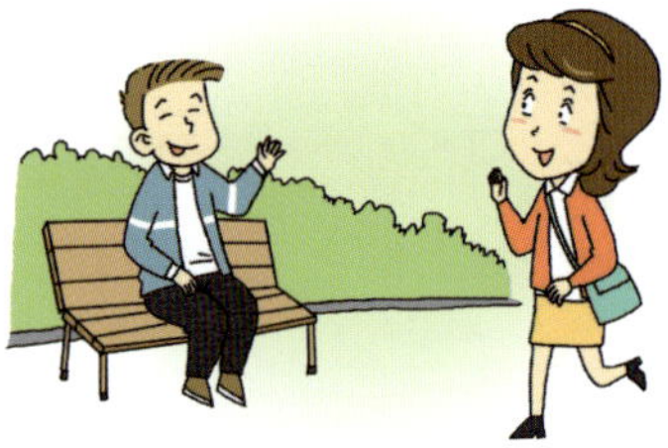

❻

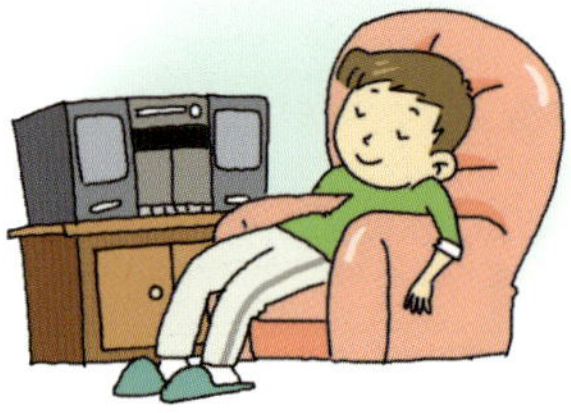

❼

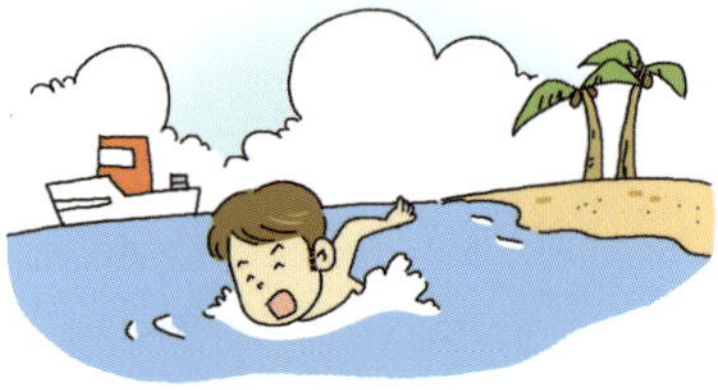

❽

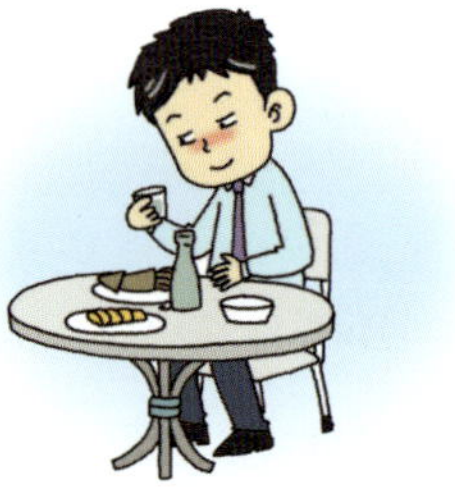

❾

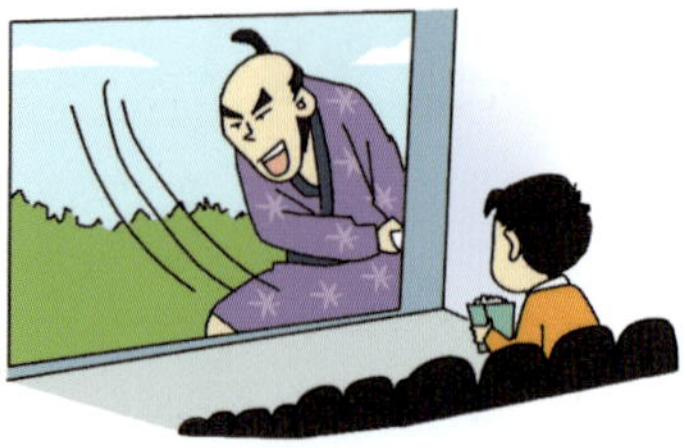

신사란 뭘까?

일본인에게 있어서 자연신(自然神)은 자신들의 생활을 지켜주는 존재이며, 이러한 신들을 모시는 곳이 신사(神社)이다.

신사 입구에는 현실세계와 신성한 세계를 구분하는 토리이(鳥居)가 세워져 있고, 신사 입구 혹은 하이덴(배례전)앞에는 신사의 수호 및 퇴마를 위한 고마이누(こま犬)라고 하는 한 쌍의 사자상(해태상)이 놓여 있다. 신사 안에는 샘물을 받아 놓은 테미즈야(手水舎)가 있는데 이는 참배객들이 청정한 마음을 가지라는 의미에서 자신의 두 손과 입을 닦도록 하는 것이다.

그 외에도 신사에는 신으로부터 받은 은혜의 보답으로 또는 소원을 빌면서 자신의 성의를 보이는 뜻으로 돈을 던져 넣는 상자인 사이센바코(賽銭箱)가 있으며, 사이센바코에 돈을 넣고 그 위에 달려있는 큰 종을 흔들어 기원한다.

에마 (絵馬)

본래 소원을 빌면서 말을 신사나 절에 바쳐오던 것이 후에는 말의 공급이 어려워져 나무판에 말을 그려서 대용으로 사용하게 되어 에마(絵馬)라고 불리게 되었다. 이 에마에 소원을 적어서 신사에 걸어두면 소원이 이루어진다고 한다.

오미쿠지 (おみくじ)

1월 1일에는 신사에서 올 한 해 동안 행운이 가득하길 기원하며 오미쿠지(おみくじ)라는 일종의 뽑기 같은 것을 뽑아 올 한해를 점쳐보기도 한다. 오미쿠지에는 「대길(大吉)・길(吉)・중길(中吉)・소길(小吉)・흉(凶)」 등 올 한해의 운세가 자세히 적혀 있다. 오미쿠지를 뽑아서 본 후, 대길일 경우는 그렇게 이루어지기를 바라면서 흉일 경우는 그렇게 되지 않기를 바라면서 신사의 나무에 묶는다.

오마모리 (お守り)

오마모리는 지키다라는 뜻의 마모루(守る)의 명사형 마모리(守り)에 존경의 오를 붙인 것이다. '무엇인가를 지켜주는 것'이라는 뜻인데, 시험, 건강, 연애, 교통안전, 순산 등 신사에 따라 지켜주는 내용이 모두 다르다. 오마모리 안에는 부적이 들어 있는데 이것을 보면 효력이 날아간다고 하여 보지 못하게 되어 있다.

사진제공 : 일본 국제 관광 진흥회 서울사무소

25 ハングルを 書(か)くことが できますか。

한글을 쓸 수 있습니까?

ポイント

1. 가능형 익히기
2. 漢字(かんじ)を 書(か)くことが できます。
3. 私(わたし)も 今(いま)、来(き)たばかりです。

ハングル ● 한글   少(すこ)し ● 조금   できる ● 할 수 있다   でも ● 하지만
まだ ● 아직   始(はじ)める ● 시작하다   あまり ● 그다지/별로   会話(かいわ) ● 회화
どうですか ● 어떻습니까?   これから ● 이제부터/앞으로

Track 37

パク：鈴木さんは ハングルを 書くことが できますか。

鈴木：ええ、少し できます。

でも、まだ 韓国語は 始めたばかりですから、

あまり 上手じゃありません。

パク：そうですか。会話は どうですか。

鈴木：簡単な 会話は できます。

パク：じゃ、これからは 韓国語で 話しましょう。

覚えましょう 외워봅시다

01 기본형＋ことが できる　　　　　〜할 수 있다

漢字を 書くことが できます。　　　　　　　　　한자를 쓸 수 있습니다

鈴木さんは スキーを することが できますか。　　스즈끼씨는 스키를 탈 수 있습니까?

私は まだ 日本語で 電話を かけることが できません。

　　　　　　　　　　　　　　　　　　　　나는 아직 일본어로 전화를 걸 수 없습니다

02 〜たばかり　　　　　　　　　　막〜했다, 〜한 지 얼마 안됐다

私も 今、来たばかりです。　　　　　　　나도 지금 막 왔습니다

コーヒーは さっき 飲んだばかりです。　　커피는 좀 전에 마셨습니다

その 漢字は 習ったばかりです。　　　　그 한자는 배운 지 얼마 안됐습니다

漢字 ● 한자　　　　　　まだ ● 아직　　　　　　さっき ● 조금 전
作る ● 만들다　　　　　弾く ● 치다/연주하다　　教える ● 가르치다
一人で ● 혼자서　　　　信じる ● 믿다

話してみましょう 말해봅시다

01 다음 예 와 같이 말해봅시다.

예　日本料理を 作る
A：日本料理を 作ることが できますか。
B：はい、（作ることが）できます。
　　いいえ、（作ることが）できません。

❶ 英語で 話す

❷ ピアノを 弾く

❸ 日本語を 教える

❹ 漢字を 読む

❺ 一人で 旅行に 行く

❻ 恋人を 信じる

話してみましょう 말해봅시다

02 다음 예 와 같이 말해봅시다.

예 A: いつ 来ましたか。(今、来る)
B: いま、来たばかりです。

❶ いつ コーヒーを 飲みましたか。(今、飲む)

❷ いつ ごはんを 食べましたか。(さっき、食べる)

❸ いつ 田中さんに 会いましたか。(先週、会う)

❹ いつ 日本語を 始めましたか。(先月、始める)

今 ●지금   さっき ●조금   先週 ●지난 주
先月 ●지난 달   始める ●시작하다

聞いてみましょう 들어봅시다

1 다음을 듣고 맞는 곳에 ○로 표시하세요.

	○	X
예	○	
1		
2		
3		
4		
5		
6		

해석

13과 본문

박은영 ● 스즈끼씨는 자주 운동을 하세요?
스즈끼 ● 운동요? 아니오, 별로 안해요. 하지만 축구는 좋아하기 때문에 자주 봅니다.
박은영 ● 그럼, 내일 시합 집에서 같이 보지 않겠어요?
스즈끼 ● 좋아요. 그렇게 합시다.

14과 본문

스즈끼 ● 박은영씨, 벌써 점심 먹었어요?
박은영 ● 아니오, 아직이에요. 지금부터 먹을거에요.
스즈끼 ● 그래요. 나도 아직 안 먹었으니까, 같이 먹지 않겠어요?
박은영 ● 좋아요. 갑시다.

15과 본문

스즈끼 ● 박은영씨, 토요일에는 항상 뭐하세요?
박은영 ● 대개 집에서 음악을 들으면서 느긋하게 쉬어요.
스즈끼 ● 그래요. 이번 주에는 영화를 보러가지 않을래요?
박은영 ● 좋아요. 뭘 볼까요?
스즈끼 ● 나는 공포영화가 보고 싶은데...
박은영 ● 좋아요. 그러면 공포영화를 보러 갑시다.

16과 본문

스즈끼 ● 실례합니다. 월드컵경기장에는 어떻게 갑니까?
통행인 ● 우선 2호선 지하철을 타고 2번째 역에서 내리세요.
스즈끼 ● 2번째 역말이죠.
통행인 ● 네, 그리고 6호선 지하철로 갈아타서 3번째 역에서 내리세요.
스즈끼 ● 그래요, 고맙습니다.

17과 본문

박은영 ● 스즈끼씨, 지금 뭐하고 있어요?
스즈끼 ● 테이프를 들으면서 한국어를 공부하고 있어요.
박은영 ● 한글은 전부 외웠어요?
스즈끼 ● 네, 전부 외웠고 지금은 말하는 연습을 하고 있어요.
박은영 ● 열심히 하고 있네요.

18과 본문

(한국어 학원에서)
스즈끼 ● 죄송한데, 잠깐 이 책 빌려도 될까요?
사무실 직원 ● 아니, 왜 그러세요?
스즈끼 ● 책을 잃어버렸어요.
사무실 직원 ● 그래요, 그러세요. 아, 하지만 이 책은 학원거니까 더럽히면 안됩니다.
스즈끼 ● 네, 알겠습니다. 감사합니다.

19과 본문

박은영 ● 스즈끼씨, 멋진 스웨터네요.
스즈끼 ● 그래요? 생일선물로 친구가 줬어요.
박은영 ● 애인한테서는 뭔가 받았어요?
스즈끼 ● 네, 맛있는 한국요리를 만들어 줬어요.
박은영 ● 그거 부럽네요.

20과 본문

박은영 ● 스즈끼씨, 한국에서 노래방에 간 적이 있어요?
스즈끼 ● 아니오, 간 적이 없습니다.
박은영 ● 노래방은 별로 좋아하지 않으세요?
스즈끼 ● 아니오, 좋아하지만, 아직 한국어가 서툴기 때문에...
박은영 ● 한국 노래방에도 일본 노래가 많이 있어요. 다음에 같이 가요.

21과 본문

박은영 ● 왜 그러세요?
스즈끼 ● 어제부터 머리가 아프고 열도 있어요.
박은영 ● 약을 먹는 게 어때요?
스즈끼 ● 약은 벌써 먹었어요. 하지만 좀처럼 나아지질 않네요.
박은영 ● 그렇다면 빨리 병원에 가는 편이 좋아요.

22과 본문

스즈끼 ● 박은영씨, 주말에는 항상 뭐하세요?
박은영 ● 평일은 바쁘기 때문에, 주말에는 방 청소를 해요.
스즈끼 ● 방 청소를 하고 나서 뭐하세요?
박은영 ● 대개 집에서 빈둥빈둥거리거나, 친구 만나서 영화를 보거나 해요. 스즈끼씨는요?
스즈끼 ● 나도 친구를 만나거나, 운동을 하거나 해요.

23과 본문

의 사 ● 열이 많이 나는군요.
스즈끼 ● 예, 계속 머리가 아픕니다.
의 사 ● 오늘은 목욕하지 마세요.
스즈끼 ● 예.
의 사 ● 그리고 무리를 하지 않는 편이 좋으니까 집에서 푹 쉬세요.
스즈끼 ● 예, 알겠습니다.

24과 본문

박은영 ● 스즈끼씨, 여름휴가에 어딘가 가세요?
스즈끼 ● 예, 친구와 부산에 갈 예정입니다.
박은영 ● 그래요? 부산에 가서 뭐할거에요?
스즈끼 ● 바다에서 수영을 하기도 하고 맛있는 회를 먹기도 할 생각입니다. 박은영씨는요?
박은영 ● 저는 집에서 푹 쉬려고 생각해요.
스즈끼 ● 그것도 좋겠네요.

25과 본문

박은영 ● 스즈끼씨는 한글을 쓸 수 있어요?
스즈끼 ● 예, 조금 쓸 수 있어요. 하지만, 아직 한국어 시작한 지 얼마 안됐기 때문에 그다지 잘 쓰지는 못해요.
박은영 ● 그래요? 회화는 어때요?
스즈끼 ● 간단한 회화는 할 수 있어요.
박은영 ● 그러면, 이제부터는 한국어로 말하죠.

# 해답 – 말해봅시다

13과

1 ● A：よく 友だちと 話しますか。
　　B：はい、話します。
　　　いいえ、話しません。
2 ● A：よく 音楽を 聞きますか。
　　B：はい、聞きます。
　　　いいえ、聞きません。
3 ● A：よく 友だちと 遊びますか。
　　B：はい、遊びます。
　　　いいえ、遊びません。
4 ● A：よく 映画を 見ますか。
　　B：はい、見ます。
　　　いいえ、見ません。
5 ● A：よく 勉強を しますか。
　　B：はい、します。
　　　いいえ、しません。

14과

1

1 ● A：きのう、友だちに 会いましたか。
　　B：はい、会いました。
　　　いいえ、会いませんでした。
2 ● A：きのう、学校へ 行きましたか。
　　B：はい、行きました。
　　　いいえ、行きませんでした。
3 ● A：きのう、早く 帰りましたか。
　　B：はい、早く 帰りました。
　　　いいえ、早く 帰りませんでした。
4 ● A：きのう、映画を 見ましたか。
　　B：はい、見ました。
　　　いいえ、見ませんでした。
5 ● A：きのう、図書館に 来ましたか。
　　B：はい、来ました。
　　　いいえ、来ませんでした。

6 ● A：きのう、仕事を しましたか。
　　B：はい、しました。
　　　いいえ、しませんでした。

2

1 ● A：一緒に お酒を 飲みませんか。
　　B：いいですね。飲みましょう。
　　　すみません。きょうは ちょっと...。
2 ● A：一緒に 歌を 歌いませんか。
　　B：いいですね。歌いましょう。
　　　すみません。きょうは ちょっと...。
3 ● A：一緒に プールで 泳ぎませんか。
　　B：いいですね。泳ぎましょう。
　　　すみません。きょうは ちょっと...。
4 ● A：一緒に ごはんを 食べませんか。
　　B：いいですね。食べましょう。
　　　すみません。きょうは ちょっと...。
5 ● A：一緒に 運動を しませんか。
　　B：いいですね。しましょう。
　　　すみません。きょうは ちょっと...。

15과

1

1 ● A：きのう、どこへ 行きましたか。
　　B：友だちの うちへ 行きました。
　　A：何を しに 行きましたか。
　　B：遊びに 行きました。
2 ● A：きのう、どこへ 行きましたか。
　　B：カフェへ 行きました。
　　A：何を しに 行きましたか。
　　B：コーヒーを 飲みに 行きました。

3● A : きのう、どこへ 行きましたか。
　　B : デパートへ 行きました。
　　A : 何を しに 行きましたか。
　　B : 服を 買いに 行きました。

4● A : きのう、どこへ 行きましたか。
　　B : 海へ 行きました。
　　A : 何を しに 行きましたか。
　　B : 泳ぎに 行きました。

5● A : きのう、どこへ 行きましたか。
　　B : 図書館へ 行きました。
　　A : 何を しに 行きましたか。
　　B : レポートを 書きに 行きました。

2

1● A : 今、何が(を) したいですか。
　　B : 車が(を) 買いたいです。
　　A : どんな車が(を) 買いたいですか。
　　B : スポーツカーが(を) 買いたいです。

2● A : 今、何が(を) したいですか。
　　B : ごはんが(を) 食べたいです。
　　A : 何が(を) 食べたいですか。
　　B : とんかつが(を) 食べたいです。

3● A : 今、何が(を) したいですか。
　　B : デートが(を) したいです。
　　A : 誰と したいですか。
　　B : 恋人と したいです。

4● A : 今、何が(を) したいですか。
　　B : 旅行に 行きたいです。
　　A : どこに 行きたいですか。
　　B : 日本に 行きたいです。

3

1● A : コーヒーを 飲みながら 何を しますか。
　　B : コーヒーを 飲みながら 友だちと 話します。

2● A : 地下鉄を 待ちながら 何を しますか。
　　B : 地下鉄を 待ちながら 電話を かけます。

3● A : 音楽を 聞きながら 何を しますか。
　　B : 音楽を 聞きながら ゆっくり 休みます。

4● A : 歌を 歌いながら 何を しますか。
　　B : 歌を 歌いながら 踊ります。

5● A : 歩きながら 何を しますか。
　　B : 歩きながら タバコを 吸います。

16과

1

1● A : あれ、買って。
　　B : うん、いいよ。えー、いやだ。

2● A : 一緒に 来て。
　　B : うん、いいよ。えー、いやだ。

3● A : ペン、貸して。
　　B : うん、いいよ。えー、いやだ。

4● A : 本、見せて。
　　B : うん、いいよ。えー、いやだ。

2

1● A : どうぞ、たくさん 食べてください。
2● A : よく 聞いてください。
3● A : 単語を 覚えてください。
4● A : すみません、急いでください。
5● A : すみません、辞書を 貸してください。
6● A : すみません、かばんを 取ってください。

해답 — 말해봅시다

🟢 17과

1

1. A : パクさんは 何を していますか。
   B : おしゃべりを しています。
2. A : 森さんは 何を していますか。
   B : パクさんと 一緒に おしゃべりを しています。
3. A : 林さんは 何を していますか。
   B : 寝ています。
4. A : イさんは 何を していますか。
   B : 写真を 撮っています。
5. A : チェさんは 何を していますか。
   B : 本を 読んでいます。
6. A : ユンさんは 何を していますか。
   B : 歌を 歌いながら 踊っています。
7. A : 中村さんは 何を していますか。
   B : 電話を かけています。
8. A : ソンさんは 何を していますか。
   B : ベンチに 座っています。
9. A : 佐藤さんは 何を していますか。
   B : 音楽を 聞いています。
10. A : アンさんは 何を していますか。
    B : タバコを 吸っています。

2

1. A : 朝ごはんを 食べて、何を しますか。
   B : 歯を 磨いて、服を 着ます。
2. A : 服を 着て、何を しますか。
   B : うちを 出て、学校へ 行きます。
3. A : 学校へ 行って、何を しますか。
   B : 勉強を して、友だちに 会います。
4. A : 友だちに 会って、何を しますか。
   B : 昼ごはんを 食べて、アルバイトを します。
5. A : アルバイトを して、何を しますか。
   B : うちへ 帰って、晩ごはんを 食べます。
6. A : 晩ごはんを 食べて、何を しますか。
   B : お風呂に 入って、宿題を します。
7. A : 宿題を して、何を しますか。
   B : テレビを 見て、寝ます。

🟢 18과

1

1. A : 教室で タバコを 吸ってもいいですか。
   B : はい、吸ってもいいです。
      いいえ、吸ってはいけません。
2. A : ここに 荷物を 置いてもいいですか。
   B : はい、置いてもいいです。
      いいえ、置いてはいけません。
3. A : 隣に 座ってもいいですか。
   B : はい、座ってもいいです。
      いいえ、座ってはいけません。
4. A : 店の 前に 車を 止めてもいいですか。
   B : はい、止めてもいいです。
      いいえ、止めてはいけません。
5. A : 暑いから、窓を 開けてもいいですか。
   B : はい、開けてもいいです。
      いいえ、開けてはいけません。
6. A : 友だちを 連れてきてもいいですか。
   B : はい、連れてきてもいいです。
      いいえ、連れてきてはいけません。

2

1●A：どうしたんですか。
　B：太ってしまいました。

2●A：どうしたんですか。
　B：鍵を なくしてしまいました。

3●A：どうしたんですか。
　B：お金を 全部 使ってしまいました。

4●A：どうしたんですか。
　B：会社に 遅れてしまいました。

5●A：どうしたんですか。
　B：約束を 忘れてしまいました。

19과

1

예1
1●A：あなたは 友だちに 何を あげましたか。
　B：(私は 友だちに) 本を あげました。

2●A：あなたは 恋人に 何を あげましたか。
　B：(私は 恋人に) 花を あげました。

예2
1●A：友だちは あなたに 何を くれましたか。
　B：(友だちは 私に) セーターを くれました。

2●A：恋人は あなたに 何を くれましたか。
　B：(恋人は 私に) 指輪を くれました。

예3
1●A：あなたは 友だちに 何を もらいましたか。
　B：(私は 友だちに) セーターを もらいました。

2●A：あなたは 恋人に 何を もらいましたか。
　B：(私は 恋人に) 指輪を もらいました。

2

예1
1●A：あなたは 恋人に 何を してあげましたか。
　B：(私は 恋人に) ケーキを 作ってあげました。

2●A：あなたは 鈴木さんに 何を してあげましたか。
　B：(私は 鈴木さんに) ソウルを 案内してあげました。

예1
1●A：恋人は あなたに 何を してくれましたか。
　B：(恋人は 私に) お酒を おごってくれました。

2●A：鈴木さんは あなたに 何を してくれましたか。
　B：(鈴木さんは 私に) 日本語を 教えてくれました。

20과

1

1●A：東京に 行った こと ある？
　B：うん、ある。
　　ううん、ない。

2●A：日本人と 話した こと ある？
　B：うん、ある。
　　ううん、ない。

3●A：着物を 着た こと ある？
　B：うん、ある。
　　ううん、ない。

4●A：学校を 休んだ こと ある？
　B：うん、ある。
　　ううん、ない。

2

1●A：芸能人に 会ったことが ありますか。
　B：はい、(会ったことが) あります。
　　いいえ、(会ったことが) ありません。

# 해답 - 말해봅시다

20과

2 A: テレビに 出たことが ありますか。
　B: はい、(出たことが) あります。
　　いいえ、(出たことが) ありません。
3 A: 日本料理を 作ったことが ありますか。
　B: はい、(作ったことが) あります。
　　いいえ、(作ったことが) ありません。
4 A: 一人で お酒を 飲んだことが ありますか。
　B: はい、(飲んだことが) あります。
　　いいえ、(飲んだことが) ありません。
5 A: 友だちに 車を 貸したことが ありますか。
　B: はい、(貸したことが) あります。
　　いいえ、(貸したことが) ありません。
6 A: ドラマを 見て 泣いたことが ありますか。
　B: はい、(泣いたことが) あります。
　　いいえ、(泣いたことが) ありません。

21과

1

1 A: どうしたんですか。
　B: あしが 痛いんです。
　A: それなら、タクシーを 呼んだ方が いいですよ。
2 A: どうしたんですか。
　B: お腹が 痛いんです。
　A: それなら、病院に 行った方が いいですよ。
3 A: どうしたんですか。
　B: のどが 痛いんです。
　A: それなら、タバコを やめた方が いいですよ。
4 A: どうしたんですか。
　B: 熱が あるんです。
　A: それなら、うちで ゆっくり 休んだ方が いいですよ。
5 A: どうしたんですか。
　B: せきが 出るんです。
　A: それなら、うがいを した方が いいですよ。

2

1 A: デジカメが ほしいです。
　B: じゃあ、ヨンサンに 行ったら どうですか。
2 A: 恋人が ほしいです。
　B: じゃあ、合コンでも したら どうですか。
3 A: 休みが ほしいです。
　B: じゃあ、部長に 頼んだら どうですか。
4 A: 日本語の 辞書が ほしいです。
　B: じゃあ、先生に 聞いたら どうですか。
5 A: 日本人の 友だちが ほしいです。
　B: じゃあ、日本語を 習ったら どうですか。

22과

1

1 B: コーヒーを 飲んだり タバコを 吸ったりします。
2 B: 電話を かけたり メールを チェックしたりします。
3 B: 映画を 見たり 買い物を したりします。
4 B: 友だちと 遊んだり 家で 音楽を 聞いたりしました。
5 B: ジムに 通ったり 旅行に 行ったりしました。

2

1●A：朝、起きてから 何を しますか。
　B：朝、起きてから 新聞を 読みます。

2●A：うちに 帰ってから 何を しますか。
　B：うちに 帰ってから お風呂に 入ります。

3●A：日本語を 習ってから 何を しますか。
　B：日本語を 習ってから 旅行に 行きます。

4●A：仕事が 終わってから 何を しますか。
　B：仕事が 終わってから 買い物を します。

🔵 23과

1

1●A：靴を 脱がないでください。
　B：はい、わかりました。

2●A：電話に 出ないでください。
　B：はい、わかりました。

3●A：隣の人と 話さないでください。
　B：はい、わかりました。

4●A：ごみを 捨てないでください。
　B：はい、わかりました。

5●A：メールを 送らないでください。
　B：はい、わかりました。

6●A：遅刻しないでください。
　B：はい、わかりました。

7●A：ペットを 連れてこないでください。
　B：はい、わかりました。

2

1●A：どうしたんですか。
　B：お腹が 痛いんです。
　A：それなら、お酒を 飲まない方が いいですよ。

2●A：どうしたんですか。
　B：歯が 痛いんです。
　A：それなら、冷たい物を 食べない方が いいですよ。

3●A：どうしたんですか。
　B：腰が 痛いんです。
　A：それなら、重いものを 持たない方が いいですよ。

4●A：どうしたんですか。
　B：具合が 悪いんです。
　A：それなら、無理を しない方が いいですよ。

🔵 24과

1

1●B：飛行機で 行く予定です。

2●B：ホテルに 泊まる予定です。

3●B：写真を 撮るつもりです。

4●B：さしみを 食べるつもりです。

5●B：みかんを 買うつもりです。

2

1●B：友だちに 電話を かけようと 思います。

2●B：友だちと 遊ぼうと 思います。

3●B：旅行に 行こうと 思います。

4●B：お酒を 飲もうと 思います。

5●B：来年、留学しようと 思います。

해답 – 말해봅시다

25과

1

1● A : 英語で 話すことが できますか。
　 B : はい、(話すことが)できます。
　　　 いいえ、(話すことが)できません。

2● A : ピアノを 弾くことが できますか。
　 B : はい、(弾くことが)できます。
　　　 いいえ、(弾くことが)できません。

3● A : 日本語を 教えることが できますか。
　 B : はい、(教えることが)できます。
　　　 いいえ、(教えることが)できません。

4● A : 漢字を 読むことが できますか。
　 B : はい、(読むことが)できます。
　　　 いいえ、(読むことが)できません。

5● A : 一人で 旅行に 行くことが できますか。
　 B : はい、(行くことが)できます。
　　　 いいえ、(行くことが)できません。

6● A : 恋人を 信じることが できますか。
　 B : はい、(信じることが)できます。
　　　 いいえ、(信じることが)できません。

2

1● 今、飲んだばかりです。
2● さっき、食べたばかりです。
3● 先週、会ったばかりです。
4● 先月、始めたばかりです。

해답 — 들어봅시다

13과
1
1●—③ 2●—⑤ 3●—② 4●—⑥ 5●—④

14과
1
1●—① 2●—⑥ 3●—③
4●—④ 5●—②

15과
1
1●—Ⓑ/⑤ 2●—Ⓐ/① 3●—Ⓓ/④
4●—Ⓑ/⑥ 5●—Ⓒ/③

16과
1
1●—① 2●—② 3●—⑤
4●—③ 5●—⑥

17과
1
1●—⑤ 2●—① 3●—③
4●—② 5●—⑥ 6●—⑦

18과
1
1●—○ 2●—X 3●—○
4●—X 5●—○ 6●—X

19과
1
1●—④ 2●—② 3●—① 4●—⑥ 5●—③

20과
1
1●—○ 2●—X 3●—X
4●—○ 5●—X

21과
1
1●—② 2●—① 3●—⑥
4●—③ 5●—④

22과
1
1●—⑧/⑥ 2●—③/⑨ 3●—⑤/①
4●—④/⑦

23과
1
1●—○ 2●—X 3●—X 4●—X 5●—○

24과
1
1●—④ 2●—⑥ 3●—①
4●—⑦ 5●—③ 6●—⑧

25과
1
1●—○ 2●—X 3●—X
4●—○ 5●—X 6●—X

스크립트 - 들어봅시다

13과

◆다음을 듣고 (예)와 같이 맞는 그림을 찾아 번호를 써 넣으세요.

예 A: よく 映画を 見ますか。
　　B: はい、見ます。

1 A: よく 新聞を 読みますか。
　　B: いいえ、読みません。

2 A: よく 友だちと 話しますか。
　　B: はい、話します。

3 A: よく 勉強を しますか。
　　B: いいえ、しません。

4 A: よく 友だちと 遊びますか。
　　B: いいえ、遊びません。

5 A: よく 音楽を 聞きますか。
　　B: はい、聞きます。

14과

◆다음을 듣고 (예)와 같이 맞는 그림을 찾아 번호를 써 넣으세요.

예 A: きのう、友だちに 会いましたか。
　　B: はい、会いました。

1 A: きのう お酒を 飲みましたか。
　　B: いいえ、飲みませんでした。

2 A: 一緒に 遊びませんか。
　　B: いいですね。遊びましょう。

3 A: 一緒に ごはんを 食べませんか。
　　B: すみません。きょうは ちょっと…。

4 A: きのう、プールで 泳ぎましたか。
　　B: はい、泳ぎました。

5 A: きのう、図書館に 来ましたか。
　　B: いいえ、来ませんでした。

15과

◆다음을 듣고 (예)와 같이 맞는 그림을 찾아 번호를 써 넣으세요.

예 A: きのう、どこへ 行きましたか。
　　B: 映画館へ 行きました。
　　A: 何を しに 行きましたか。
　　B: 映画を 見に 行きました。

1 A: きのう、どこへ 行きましたか。
　　B: デパートへ 行きました。
　　A: 何を しに 行きましたか。
　　B: 服を 買いに 行きました。

2 A: きのう、どこへ 行きましたか。
　　B: 海へ 行きました。
　　A: 何を しに 行きましたか。
　　B: 泳ぎに 行きました。

3 A: きのう、どこへ 行きましたか。
　　B: 図書館へ 行きました。
　　A: 何を しに 行きましたか。
　　B: レポートを 書きに 行きました。

4 A: きのう、どこへ 行きましたか。
　　B: デパートへ 行きました。
　　A: 何を しに 行きましたか。
　　B: ごはんを 食べに 行きました。

5 A: きのう、どこへ 行きましたか。
　　B: 映画館へ 行きました。
　　A: 何を しに 行きましたか。
　　B: 友だちに 会いに 行きました。

16과

◆다음을 듣고 (예)와 같이 맞는 그림을 찾아 번호를 써 넣으세요.

예 A: どうぞ、飲んでください。
　　B: いただきます。

1 A: どうぞ、たくさん食べてください。
　　B: いただきます。

2 ● A : よく 聞いてください。
　　B : はい、わかりました。
3 ● A : すみません、本を 見せてください。
　　B : ええ、いいですよ。
4 ● A : すみません、ペンを 貸してください。
　　B : ええ、いいですよ。
5 ● A : すみません、急いでください。
　　B : はい、わかりました。

17과

◆ 다음을 듣고 (예)와 같이 맞는 그림을 찾아 번호를 써 넣으세요.

예 A : 鈴木さんは 何を していますか。
　　B : お弁当を 食べています。

1 ● A : キムさんは 何を していますか。
　　B : 音楽を 聞いています。
2 ● A : パクさんは 何を していますか。
　　B : 新聞を 読んでいます。
3 ● A : 林さんは 何を していますか。
　　B : 寝ています。
4 ● A : イさんは 何を していますか。
　　B : 勉強を しています。
5 ● A : チェさんは 何を していますか。
　　B : 電話を かけています。
6 ● A : 田中さんは 何を していますか。
　　B : 写真を 撮っています。

18과

◆ 다음을 듣고 맞는 곳에 ○로 표시하세요.

예 A : ここで タバコを 吸ってもいいですか。
　　B : ええ、いいですよ。

1 ● A : ここに 車を 止めてもいいですか。
　　B : ええ、止めてもいいですよ。
2 ● A : 窓を 開けてもいいですか。
　　B : 寒いから、開けてはいけません。
3 ● A : ここで 写真を 撮ってもいいですか。
　　B : ええ、いいですよ。
4 ● A : きょうは お風呂に 入ってもいいですか。
　　B : いいえ、入ってはいけません。
5 ● A : 隣に 座ってもいいですか。
　　B : ええ、どうぞ。
6 ● A : 友だちを 連れてきてもいいですか。
　　B : それは、ちょっと。

19과

◆ 다음을 듣고 번호에 해당하는 그림을 아래에서 골라서 넣으세요.

예 A : たけしさんは ゆみさんに 何を あげましたか。
　　B : たけしさんは ゆみさんに 花を あげました。

1 ● A : ゆみさんは たけしさんに 何を あげましたか。
　　B : ゆみさんは たけしさんに セーターを あげました。
2 ● A : あなたは たけしさんに 何を あげましたか。
　　B : 私は たけしさんに 時計を あげました。
3 ● A : ゆみさんは あなたに 何を くれましたか。
　　B : ゆみさんは 私に 本を くれました。
4 ● A : あなたは ゆみさんに 何を あげましたか。
　　B : 私は ゆみさんに 指輪を あげました。
5 ● A : あなたは たけしさんに 何を もらいましたか。
　　B : 私は たけしさんに 財布を もらいました。

스크립트 – 들어봅시다

20과

◆ 다음을 듣고 맞는 곳에 ○로 표시하세요.

예) スキーを したことが ありますか。
   はい、したことが あります。

1. 会社を 休んだことが ありますか。
   はい、休んだことが あります。

2. 東京に 行ったことが ありますか。
   いいえ、ないです。行きたいです。

3. テレビに、出たことある。
   ううん、ない。

4. 日本人と 話したことが ありますか。
   はい、あります。

5. 芸能人に 会ったことが ありますか。
   いいえ、会ったことが ありません。

21과

◆ 다음을 듣고 (예)와 같이 맞는 그림을 찾아 번호를 써 넣으세요.

예) A: どうしたんですか。
   B: きのうから 頭が 痛いんです。
   A: それなら、薬を 飲んだ方が いいですよ。

1. A: どうしたんですか。
   B: 熱が あるんです。
   A: それなら、早く 寝た方が いいですよ。

2. A: どうしたんですか。
   B: せきが 出るんです。
   A: それなら、うがいを した方が いいですよ。

3. A: どうしたんですか。
   B: のどが 痛いんです。
   A: それなら、タバコを やめた方が いいですよ。

4. A: どうしたんですか。
   B: あしが 痛いんです。
   A: それなら、ここに 座った方が いいですよ。

5. A: どうしたんですか。
   B: お腹が 痛いんです
   A: それなら、病院に 行った方が いいですよ。

22과

◆ 다음을 듣고 (예)처럼 각각 주말에 하는 것을 찾아 번호를 써 넣으세요.

中村: イさんは 週末は 何を しますか。

イ: アルバイトを したり、ジムに 通ったりします。中村さんは？

中村: そうですね。たいてい 友だちと 買い物を したり、映画を 見たりします。佐藤さんは？

佐藤: 私も 友だちと コーヒーを 飲んだり プールで 泳いだりします。キムさんは 何を しますか。

キム: 私は うちで 本を 読んだり、音楽を 聞いたりします。

佐藤: そうですね。キムさんは いつも 会社が 忙しいから… 田中さんは 何を しますか。

田中: 私は ジムに 通ったり、寝たりします。

佐藤: そうですか。

23과

◆ (예)와 같이 의사의 충고를 듣고 해야 하는 것에 O, 하지 않아야 하는 것에 X로 표시하세요.

医者：どうしたんですか。
鈴木：きのうから のどが いたくて、熱も あるんです。
医者：そうですか。ちょっと 診てみましょう。
かぜですね。薬を 飲んで、ゆっくり 休んだ方が いいですよ。
鈴木：お風呂に 入ってもいいですか。
医者：いいえ、熱が あるから、お風呂に 入らないでください。それから、タバコも 吸わない方が いいですよ。
鈴木：運動は してもいいですか。
医者：運動も しない方が いいですね。無理を しないできょうは 早く 寝てください。
鈴木：はい、わかりました。

24과

◆ 다음을 듣고 (예)와 같이 맞는 그림을 찾아 번호를 써 넣으세요.

예 A：あしたは 何を しますか。
　B：先輩に 会おうと 思います。

1● A：夜は 何を しますか。
　B：友だちに 電話を かけようと 思います。

2● A：週末は 何を しますか。
　B：ゆっくり 休もうと 思います。

3● A：あしたは 何をしますか。
　B：図書館に 行こうと 思います。

4● A：夏休みは 何を しますか。
　B：海で 泳ごうと 思います。

5● A：日本語を 習って 何をしますか。
　B：日本に 留学しようと 思います。

6● A：友だちに 会って 何を しますか。
　B：お酒を 飲もうと 思います。

25과

◆ 다음을 듣고 맞는 곳에 O로 표시하세요.

예 A：パクさんは 日本料理を 作ることが できますか。
　B：はい、作ることが できます。

1● A：佐藤さんは ピアノを 弾くことが できますか。
　B：はい、できます。

2● A：イさんは 恋人を 信じることが できますか。
　B：いいえ、できません。

3● A：田中さんは 英語を 教えることが できますか。
　B：日本語は できますが、英語は できません。

4● A：鈴木さんは 英語で 話すことが できますか。
　B：はい、少し できます。

5● A：チェさんは 漢字を 読むことが できますか。
　B：いいえ、読むことが できません。

6● A：キムさんは 一人で 旅行に 行くことが できますか。
　B：旅行は 好きですが、一人で 行くことは できません。